Die aufgegangene Saat

Die Anfänge der Leipziger Mission am Kilimanjaro

Andreas Kecke

Die aufgegangene Saat

Die Anfänge der Leipziger Mission am Kilimanjaro

Bibliographische Information der Deutschen Nationalbibliothek:
Die Deutsche Nationalbibliothek verzeichnet diese Publikation in der Deutschen Nationalbibliographie; detaillierte bibliographische Daten sind im Internet über http://dnb.dnb.de abrufbar.

Herstellung: BoD – Books on Demand, Norderstedt

Gesamtgestaltung: Antje Lanzendorf, Evangelisch-Lutherisches Missionswerk Leipzig e.V.
Coverbild: „Missionsstation Nkarungo“, Kolorierte Postkarte, Historisches Bildarchiv des Evangelisch-Lutherisches Missionswerk Leipzig e.V.

ISBN 978-3-949016-00-4

www.leipziger-missionswerk.de

Inhalt

Anmerkungen zu verwendeten Schreibweisen

Während der Kolonialzeit entstandene Texte und Bildunterschriften werden im Original zitiert. Sie spiegeln die damals übliche Sprache wider, die wir heute teilweise rassistisch, sexistisch oder anderweitig anstößig empfinden. Auch die Ortsnamen und Namen ethnischer Gruppen wurden überwiegend in einer eingedeutschten Schreibweise verwendet.

Heute wird normalerweise auch in deutschsprachigen Kontexten die in Tansania ortsübliche Bezeichnung genutzt. Diese Form wird auch in diesem Buch verwendet, außer es handelt sich um eine historische Stationsbezeichnung (zum Beispiel Missionsstation Moschi). Auch wenn wir damit keine Einheitlichkeit mit den Originaltexten wahren können, ist es uns wichtig, jene oben genannten Ismen in unserer aktuellen Sprache nicht zu reproduzieren.

Für die Ortschaften werden heute folgende Schreibweisen verwendet:

- Madschame = Machame
- Moschi / Alt/Old-Moshi = Kidia
- Moschi = Moshi
- Aruscha = Arusha.

Desgleichen gilt bei den Ethnien, wie den (Wa)Dschagga = (Wa)Chagga, oder dem Namen Schangali = Shangali.

Danksagung

Dieses Buch ist unter tatkräftiger Mithilfe von folgenden Personen entstanden:

Antje Lanzendorf hat das Layout erstellt und in ausführlichen Gesprächen die Perspektive der Lesenden eingebracht. Elke Bormann vom Bildarchiv des Leipziger Missionswerkes war die erste Person, die meine Recherche zu den rund 400 wiederentdeckten Fotoplatten von Emil Müller tatkräftig unterstützte. Professor für Geschichte und Kultur in Afrika Dr. Adam Jones von der Universität Leipzig sorgte für deren Veröffentlichung im International Mission Photography Archive (IMPA) und gab wichtige Hinweise. Prof. Dr. Peter Zimmerling, tätig als Professor für praktische Theologie an der Universität Leipzig, ermutigte mich nach kritischer Durchsicht des Manuskriptes zur Veröffentlichung der Arbeit. Birgit Pötzsch erstellte die Wanderausstellung zum Thema dieses Buches mit und gab wertvolle Verbesserungsvorschläge. Ingrid Schnippa überprüfte die Transkription der Handschriften und mit Katharina Reichl arbeitete ich die Korrekturen ein. Direktor Ravinder Salooja sowie Maja und Dr. Günter Kohler unterbreiteten wertvolle Verbesserungsvorschläge.

Meine Frau Maria Kecke stand mit großer Geduld hinter der Arbeit, ermutigte und lektorierte.

Allen gilt mein herzlicher Dank.

Grußwort des Leipziger Missionswerkes

Im Oktober 2018 jährte sich die Ankunft der ersten Missionare der Leipziger Mission am Kilimanjaro zum 125. Mal. Aus diesem Anlass entstand unter der Leitung von Antje Lanzendorf und Mitwirkung von Birgit Pötzsch, Harald Bollermann, Elke Bormann und Andreas Kecke sowie begleitet durch Dr. Adam Jones, Klaus-Peter Kiesel und Michaela Unterholzner die Wanderausstellung „Dient dem Reich Gottes und nicht dem Deutschen Kaiserreich".

Sie wird seit Mai 2018 in verschiedenen Gemeinden und Einrichtungen in Mitteldeutschland gezeigt und ist auch weiterhin über das Tansaniareferat im Leipziger Missionswerk ausleihbar.

Eine Fassung in Swahili und Englisch wurde bei der Weltmissionskonferenz im März 2018 in Arusha, Tansania, präsentiert und anschließend der Evangelisch-Lutherischen Kirche in Tansania als Geschenk übergeben.

Auf der Grundlage der für diese Ausstellung erarbeiteten Texte und ausgewählten Zitate und Bilder ist das vorliegende Buch entstanden. Grau hinterlegt bilden sie den Rahmen für die kommentierenden Texte von Andreas Kecke. Die Texte der Ausstellung wurden für diese Publikation teilweise ergänzt oder leicht verändert.

Hinzugekommen sind auch einige bisher nicht veröffentlichte Bilder. Darunter sind zum Beispiel die Aussendungsfotos der vier ersten Missionare von 1893 aus dem Portraitalbum des Historischen Bildarchivs sowie historische Fotos aus dem Nachlass von Missionar Gerhard Althaus, der sich im Privatbesitz seiner Enkelin Dorothea Althaus-Pultke befindet. Diese Bilder wurden im Zuge der Jubiläumsfeierlichkeiten „125 Jahre Lutherische Mission am Kilimanjaro" digitalisiert und ergänzen nun den digitalen Bestand der historischen Afrikafotos des Leipziger Missionswerkes. Wir danken Familie Althaus für die Einwilligung zur Veröffentlichung dieser Bilder.

Als Tansania-Referent des Leipziger Missionswerkes freue ich mich, dass sich Pfarrer Andreas Kecke aus persönlichem Interesse heraus um weiterführende Recherchen zu den Anfängen der Leipziger Mission in Ostafrika verdient gemacht hat. Es ist ihm gelungen, teilweise unveröffentlichte und/oder in Vergessenheit geratene Dokumente zu verarbeiten. Dabei ist es ihm ein deutliches Anliegen, die Arbeit der Leipziger Missionare vor ungerechtfertigten Vorwürfen in Schutz zu nehmen.

Die Forschungsschwerpunkte von Pfarrer Andreas Kecke lagen einerseits auf dem Leben und Wirken von Missionar Emil Müller und der Verknüpfung von Mission und Kolonialismus, andererseits auf der Frage, warum sich das Christentum in Tansania so schnell erfolgreich ausgebreitet hat.

Das Buch „Die aufgegangene Saat" von Andreas Kecke ist ein gutes Beispiel, wie sich aus der heutigen Partnerschaftsverbindung zwischen deutscher und tansanischer Kirche heraus ein Interesse für historische Zusammenhänge entwickeln kann.

Pfarrer Daniel Keiling, Tansania-Referent
Antje Lanzendorf, Leiterin der Öffentlichkeitsarbeit

Vorwort des Autors

Wenn man heute in Deutschland auf die Frage der christlichen Mission zu sprechen kommt, so hat man üblicherweise zwei Reaktionen zu erwarten: Erstens: Die Missionare sind durch das Kolonialsystem korrumpiert worden. Zweitens: Die Missionare haben unsere Kultur den „Eingeborenen“ übergestülpt.

Damit sind nahezu alle Haltungen zusammengefasst, egal ob man mit Schülerinnen und Schülern der zehnten Klasse oder mit Pfarrern und Pfarrerinnen im Konvent spricht. Die negative Rolle der Mission scheint so klar zu sein, dass darüber gar keine Diskussion mehr lohnt. Selbst von evangelistisch gesinnten Christinnen und Christen wird die Mission in einem Glaubensgespräch zu den großen Fehlern der Kirchen gezählt. Man möchte nicht annähernd in den Verdacht geraten, da etwas schön zu reden. Lieber nickt man zu allen Vorurteilen, um erklären zu können, was jetzt alles zu tun ist.

Eigentlich müsste man die Einsicht voraussetzen, dass es auch positiv zu bewertende Arbeit gegeben haben könnte. Schließlich ist die Zeit missionarischer Aktivitäten lang und sie geschah an unterschiedlichsten Orten und ging von verschiedensten Konfessionen aus. Letztlich dürfte doch auch ein gewisses Maß an Lernfähigkeit bei den aussendenden Stellen denkbar sein.

Angeregt durch ein geradezu entgegengesetztes Urteil von in Tansania lebenden Menschen versucht die vorliegende Arbeit der Frage nachzugehen: Was sind die Ursachen für das seit Beginn anhaltende Wachstum der lutherischen Kirche in Tansania?

Besondere Berücksichtigung sollen dabei die beiden Aspekte erhalten, wie sich die ersten von Leipzig ausgesandten lutherischen Missionare zum Kolonialsystem verhalten haben und wie sie mit der Kultur der Menschen vor Ort umgegangen sind.

Die lutherische Kirche in Tansania hat nicht nur die deutsche und englische Kolonialzeit überdauert, sondern ist auch aus der sozialistischen Phase gestärkt hervorgegangen. Entweder diejenigen, die den Samen gelegt haben, machten doch nicht alles falsch und wir können manches lernen, oder wir haben es hier mit einem Gottesbeweis zu tun. Der würde dann lauten: Gott existiert, weil nur er aus den großen Fehlern seiner Missionare die zweitgrößte lutherische Kirche schaffen kann.

Dieses Buch ist für Personen gedacht, die mit christlichen Gruppen arbeiten, einschließlich Religionslehrerinnen, Gemeindepädagogen, Pfarrerinnen und Pfarrer, überhaupt für jeden, der den Mut hat, mit anderen über die Wirkungsgeschichte der christlichen Botschaft ins Gespräch zu kommen.

Ich wünsche mir, dass die Leserschaft im Aussendungsland der Leipziger Missionare die zumeist aufrichtige christliche Gesinnung und den großartigen Einsatz der Männer und Frauen zur Kenntnis nimmt. Natürlich waren sie Kinder ihrer Zeit und hatten mit den politischen Gegebenheiten umzugehen. Wer nicht in einer Diktatur als Christ lebte und sich für die Menschen vor Ort einsetzte, sollte den Willen haben, die Zwänge, die Notwendigkeit zwischen mehreren Übeln zu wählen und strategische Überlegungen zur Erreichung eines guten Zieles zur Kenntnis zu nehmen.

Ich möchte auch gern eine Diskussion und ein damit verbundenes Nachdenken darüber anregen, ob es nicht doch kulturelle Praktiken gab und gibt, deren Überwindung sinnvoll war und heute auch noch ist.

Letztendlich führte mich diese historische Recherche zu der Einsicht, dass wir für die heutige Arbeit in einem weitgehend entchristlichten Arbeitsfeld viel lernen können.

Pfarrer Andreas Kecke

Die ersten vier Leipziger Missionare zu Besuch bei Missionsfamilie Hofmann, Mbungu, 23. Juli 1893

Bevor die fünf Leipziger Missionare ihren Fußmarsch in Richtung Kilimanjaro beginnen konnten, verbrachten sie mehrere Wochen in Mombasa. Von dort aus besuchten sie auch Familie Emilie und Johannes Hofmann, die 1886 von der Hersbrucker Mission zu den Wakamba im heutigen Kenia entsandt wurden. Mit dem Wiederbeitritt der Hersbrucker zur Leipziger Mission 1892 wurden auch sie Leipziger Mitarbeiter.

hintere Reihe von links: Albin Böhme, Emil Müller, Robert Faßmann

vordere Reihe von links: Gerhard Althaus, Emilie Hofmann, Johannes Hofmann, Traugott Paesler

Nachlass Missionar Gerhard Althaus, Privateigentum Dorothea Althaus-Pultke

„Dient dem Reich Gottes und nicht dem Deutschen Reich"*

Missionsexpedition! Das klang abenteuerlich und spezifisch christlich. Ruf und Planung, Gott und Mensch steckten dahinter, Entscheidungen, Gehorsam, Fragen und Gebete. Am 30. Mai 1893 reisten wir in Leipzig ab, Faßmann, Emil Müller, Böhme und ich [Gerhard Althaus].

Gerhard Althaus, *Mamba – Anfang in Afrika*, 1935

Es dauerte gut zehn Jahre, bis das Kollegium der Leipziger Mission dem Drängen von verschiedenen Seiten nachgab, neben Indien ein weiteres „Missionsfeld" zu betreten. Dass es 1892 zu diesem Entschluss kam, hing unleugbar mit der kolonialen Eroberung Ostafrikas zusammen. Man war sich durchaus bewusst, dass diese Verbindung auch Schwierigkeiten mit sich bringen würde. Deshalb wurde den vier „jungen Glaubensboten" die Weisung mitgegeben: „Denkt daran, dass ihr dem Reich Gottes und nicht dem Deutschen Reich dient".

Aus der Arbeit der Leipziger Missionare im Norden des heutigen Tansanias sowie Berliner und Herrnhuter Missionare im Süden ist eine der mitgliederstärksten lutherischen Kirchen der Welt hervorgegangen – die Evangelisch-Lutherische Kirche in Tansania (ELCT).

Zahlreiche Partnerschaften zeugen von einer über Jahrzehnte gefestigten Beziehung. Mit Dankbarkeit erinnert man sich in den tansanischen Gemeinden an die „Väter", die ihnen vor 125 Jahren nicht nur das Evangelium, sondern auch Schulbildung und Gesundheitsversorgung gebracht haben.

* Auf der Generalversammlung 1892 wurde ausdrücklich betont, dass man sich „nicht in den Dienst der kolonialen Bewegung in Deutschland stellen, nicht statt dem Reiche Gottes dem Deutschen Reiche dienen wolle." (Paul Fleisch: Hundert Jahre lutherischer Mission, Leipzig 1936, 267); „Es braucht deshalb kaum angesprochen zu werden, daß mit der Inangriffnahme eines neuen Missionsgebietes sich unsere Mission keineswegs in den Dienst der kolonialen Bewegung in Deutschland stellen und Geistliches und Weltliches vermengend, etwa statt dem Reich Gottes dem deutschen Reiche oder beiden zugleich dienen wolle. Sie will sich auch in Zukunft kein anderes Ziel setzen als das in ihren Grundbestimmungen Hervorgehobene: Sammlung von selbstständigen Gemeinden evangelisch-lutherischen Bekenntnisses unter den Heiden." (Unser Jahresfest am 8. Juni 1892; in Evangelisch-Lutherisches Missionsblatt, Leipzig 1892, 194)

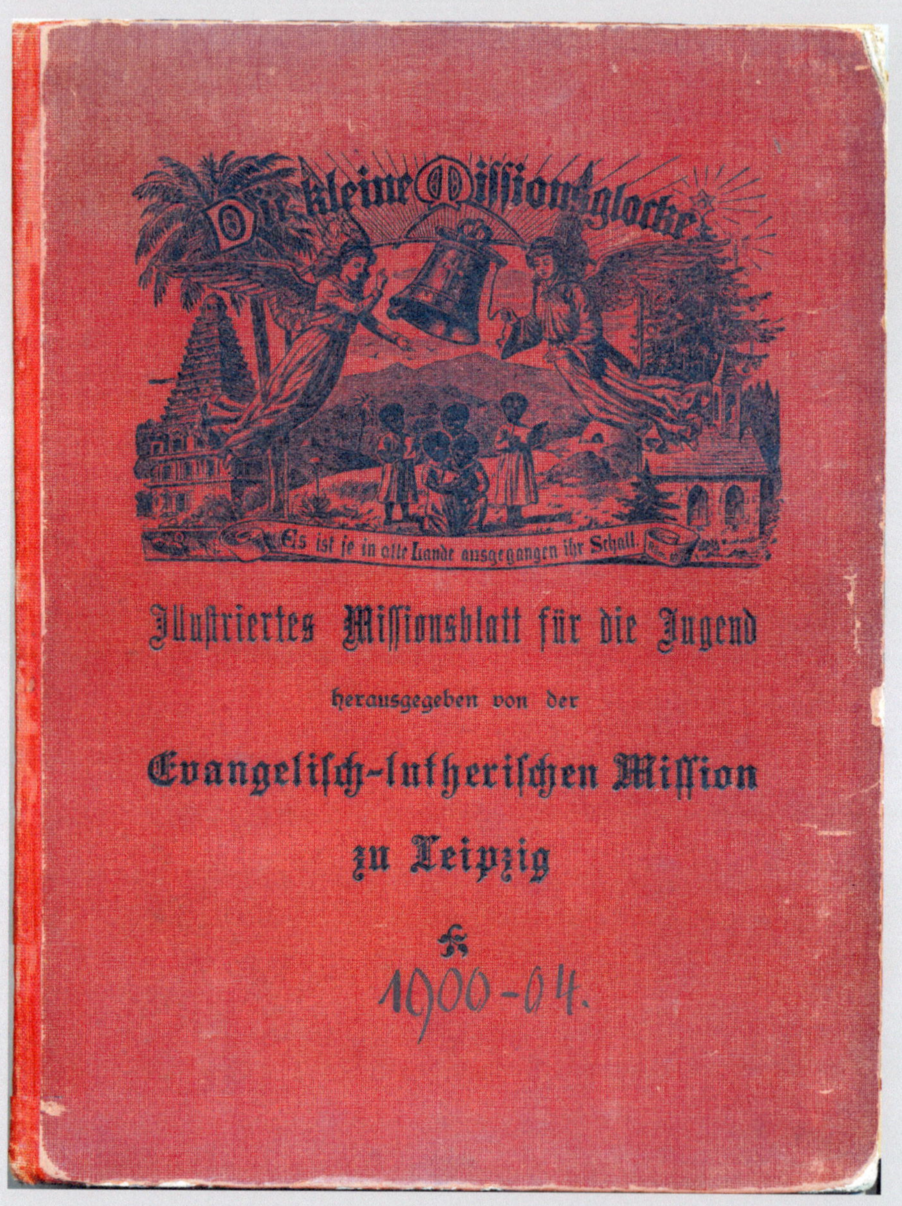

Die kleine Missionsglocke. Illustriertes Missionsblatt für die Jugend
herausgegeben von der Evangelisch-lutherischen Mission zu Leipzig

„Die kleine Missionsglocke“ erschien erstmals 1900 als monatliches Missionsblatt der Leipziger Mission für die Jugend. 1939 wurde sie mit Beginn des Zweiten Weltkrieges eingestellt. Besonders interessant sind die Beschreibungen der Illustrationen, die für die jüngere Zielgruppe umfangreicher ausfallen als sonst üblich. Sie sind heute wertvolle Quellen für die Erforschung des Historischen Bildarchivs.

Wie der Wunsch geweckt wurde, Missionar zu werden

Die Missionsgesellschaften gaben eine Vielzahl an unterschiedlichen Publikationen heraus. Zu ihren Zielgruppen gehörten auch Kinder und Jugendliche, die frühzeitig mit der Missionsarbeit vertraut gemacht werden sollten. Sie sollten zum einen selbst für den Missionsdienst begeistert werden („Die Ernte in der Heidenwelt ist groß, aber der Arbeiter sind wenig.") und zum anderen die Arbeit mit Spenden unterstützen. Um persönliche Nähe zu schaffen, wurden anrührende Kinderschicksale erzählt, mit denen sich die gleichaltrigen Leserinnen und Leser identifizieren sollten.
Albin Böhme schildert, wie er schon in der Schulzeit durch die Lektüre von Missionsblättern vom Dienst in der „Heidenwelt" erfahren hatte und tief berührt wurde:

„Durch diese erhielt ich manche Kenntnis von den traurigen Zuständen in der Heidenwelt, die allesamt einen tiefen Eindruck auf mich ausübten. Die schmerzlichsten Gefühle jedoch durchdrangen mein Herz, wenn ich mir einen Heiden vorstellte, wie er sich den größten Qualen und Martern unterzog, um von seinen Sünden freizuwerden und doch nicht zur inneren Ruhe kam. […] Durch solche inneren Vorgänge wurde oft in mir der Wunsch laut, doch auch ein Missionar zu werden und mich ganz in den Dienst meines Heilandes zu stellen, um den armen Heiden das alleinige Heil in Christo zu verkünden."

Bewerbungsschreiben von Albin Böhme bei der Leipziger Mission

Das Missionshaus in Leipzig, heute Paul-List-Straße 19

1848 zog die 1836 in Dresden gegründete Missionsgesellschaft in die Universitätsstadt Leipzig um. 1855 wurde der Grundstein des Missionshauses gelegt. Prof. Dr. Karl Friedrich August Kahnis, Vorsitzender des Missionskollegiums, erklärte den fast 2.000 Gästen: „Es soll dies Haus ein Vaterhaus sein für unsere Sendboten in der Ferne, für die Zöglinge, die wir noch senden wollen, […] der Mittelpunkt aller Missionskräfte unserer Gesellschaft". Condirector Dr. Besser ergänzte: „Unser Seminar soll werden – nicht eine Fabrik […] zur Herrichtung von Säemaschinen, in welche die Confession nur so eingeschüttet würde, sondern eine Wachstumsstätte lebendiger Säeleute […] selber getragen von Seiner widergebärenden, kirchenzeugenden und kirchenerhaltenden Kraft." Am 24. Juni 1856 erfolgte die Einweihung.

Foto, vermutlich um 1936, Historisches Bildarchiv des Evangelisch-Lutherischen Missionswerkes Leipzig e.V.

„Gehet hin in alle Welt“

Die Entscheidung darüber, wo Sie sich niederlassen, soll und kann von hier aus ebensowenig getroffen werden, wie die nähere Bestimmung darüber, welche Arbeit geistiger und körperlicher Art gerade von Ihnen auf der Reise, bei Gründung einer Station und demnächst im eigentlichen Missionsdienst getan werden soll.

Vokationsschreiben des Missionkollegiums

Am 24. Mai 1893 standen vier junge Männer vor dem Altar der Leipziger Nikolaikirche: Gerhard Althaus, Albin Böhme, Robert Faßmann und Emil Müller. Sie folgten der Einladung Jesu, die bis heute an der Fassade des Leipziger Missionshauses zu lesen ist und die für alle Nachfolgerinnen und Nachfolger gilt: „Gehet hin in alle Welt und predigt das Evangelium aller Creatur! Marci 16,15."

Für die vier „Pioniermissionare" war es eine Reise ins Ungewisse. Unterwegs würde man auf sich selbst gestellt sein, unbekannte Gefahren, Krankheiten, Strapazen mussten aus eigener Kraft und Umsicht bewältigt werden. So hieß es im Vokationsschreiben des Missionkollegiums: „Die Entscheidung darüber, wo Sie sich niederlassen, soll und kann von hier aus ebensowenig getroffen werden, wie die nähere Bestimmung darüber, welche Arbeit geistiger und körperlicher Art gerade von Ihnen auf der Reise, bei Gründung einer Station und demnächst im eigentlichen Missionsdienst getan werden soll." Die Verantwortung für das Gelingen des Unternehmens lag auf den Schultern der vier Männer, von denen der jüngste 24, der älteste 27 Jahre alt war.

Missionsdirektor Dr. Karl von Schwartz

Karl von Schwartz, geboren 1847 in Benkendorf bei Halle/Saale, wird als bewusster Lutheraner beschrieben. In Braunschweig gründete er 1887 die Evangelisch-lutherische Vereinigung, die bis 1941 bestand. 1891 wurde er, damals Superintendent im Braunschweigischen, zum Nachfolger von Julius Hardeland als Missionsdirektor berufen. Ihm schien die „Zeit für eine ostafrikanische Mission" gekommen, sodass er unter anderem die Wiedervereinigung mit der Hersbrucker Mission bei der Generalversammlung 1892 vorantrieb. Zehn Jahre nach der Aussendung der ersten Leipziger Missionare an den Kilimanjaro unternahm er 1903 eine Visitationsreise nach Ostafrika. Im selben Jahr wurde er von der Universität Rostock zum Doktor der Theologie promoviert. Aus gesundheitlichen Gründen übernahm er 1911 eine Pfarrstelle in Querum bei Braunschweig. Er starb 1923.

Foto, vermutlich um 1910, Historisches Bildarchiv des Evangelisch-Lutherischen Missionswerkes Leipzig e.V.

Warum zum Kilimanjaro?

Wir haben lange gezögert, ehe wir uns zu diesem Schritt entschlossen. Aber wir mußten uns zuletzt sagen: „Gott will es". So geht denn hin in Gottes Namen. Wir lassen euch nicht gehen mit fliegenden Hoffnungen; wir wissen wohl, es ist Geduldsarbeit, wir rechnen nicht auf rasche Erfolge – es ist Gründungsarbeit.

Prof. Dr. Christoph Ernst Luthardt, Vorsitzender des Missionskollegiums, bei der Abordnung in der Leipziger Nikolaikirche am 24. Mai 1893

Die Entscheidung, eine Mission in Deutsch-Ostafrika unter den Wachagga am Kilimanjaro zu begründen, war maßgeblich auf die Mitglieder, Förderer und Unterstützer der Mission im Kaiserreich zurückzuführen – begünstigt durch einen Wechsel im Direktorat zu Karl von Schwartz, der 1891 berufen wurde. Eine Mission in den Kolonien wurde einerseits als „Beruf" im „lutherischen Sinne" und andererseits auch als Möglichkeit gesehen, das Dasein der Mission als „Winkelsache" zu beenden.

Als 1892 die von den Anglikanern (Church Missionary Society, CMS) verlassene Station Moshi-Kitimbirihu am Kilimanjaro erworben wurde, stand endgültig fest, dass Leipzig diese Missionsarbeit fortsetzen wird. Gleichzeitig wurde die 1886 im bayrischen Hersbruck gegründete „Gesellschaft für ev.-luth. Mission in Ostafrika" von der Leipziger Mission rücküberführt. Diese hatte bis 1891 drei Stationen im Kambaland innerhalb der benachbarten englischen Kolonie, dem heutigen Kenia, gegründet.

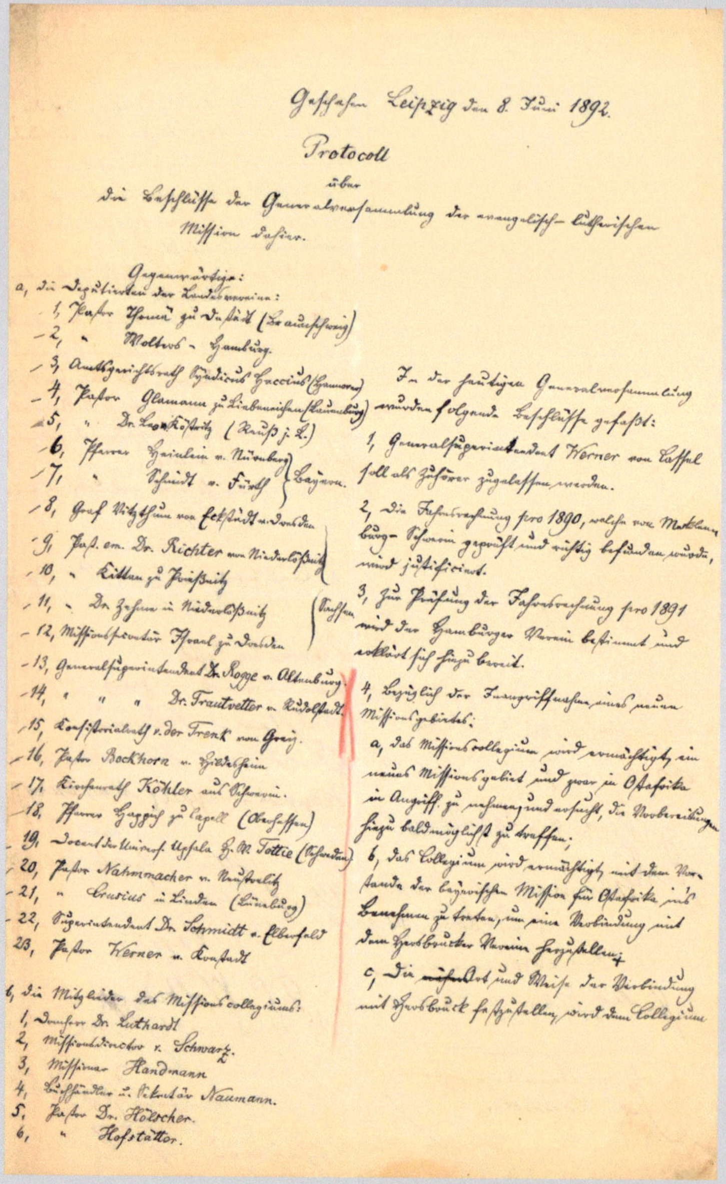

Geschehen Leipzig den 8. Juni 1892.

Protocoll

über

die Beschlüsse der Generalversammlung der evangelisch-lutherischen Mission daselbst.

„Protocoll über die Beschlüsse der Generalversammlung der evangelisch-lutherischen Mission dahier" 8. Juni 1892

Am 8. Juni wurde in der Generalversammlung der evangelisch-lutherischen Mission der Beschluss gefasst, ein neues Missionsgebiet in Ostafrika in Angriff zu nehmen:

„Bezüglich der Inangriffnahme eines neues Missionsgebietes:

a) Das Missionskollegium wird ermächtigt, ein neues Missionsgebiet und zwar in Ostafrika in angriff zu nehmen und ersucht, die Vorbereitungen hierzu baldmöglichst zu treffen;

b) Das Collegium wird ermächtigt, mit den Vertretern der bayerischen Mission für Ostafrika ins Benehmen zu setzen, um eine Verbindung mit dem Hersbrucker Verein herzustellen.

c) Die Art und Weise der Verbindung mit Hersbruck festzustellen, wird dem Collegium überlassen unter der Voraussetzung, daß die oberste Leitung beider Missionsgebiete für das Missionscollegium in Leipzig gewahrt wird.

Der Beschluss Nr. 4 wird mit Ausnahme der schwedischen Abgeordneten, welche sich der Abstimmung enthält (sic!), einstimmig gefaßt."

Digitalisat: Franckesche Stiftungen zu Halle

Ein entscheidender Wendepunkt der Geschichte

„Das Jahresfest am 24. Mai 1893 bedeutete für die Leipziger Mission einen entscheidenden Wendepunkt ihrer Geschichte. An diesem Tage standen vor dem Altar der alten, ehrwürdigen Nikolaikirche in Leipzig die vier Missionare Althaus, Müller, Faßmann und Böhme, um nach Deutsch-Ostafrika abgeordnet zu werden. [...] Als Deutschland in den achtziger Jahren des vorigen Jahrhunderts überseeische Kolonien erwarb, ergab sich damit die ernste Frage, ob es nicht Pflicht der deutschen Missionsgesellschaften sei, vor allem den Heiden in den eigenen Schutzgebieten das Evangelium zu bringen, nach dem Worte des Apostels Paulus: ‚So jemand seine Hausgenossen nicht versorgt, der ist ärger als ein Heide.' [...]
Unsere Mission konnte sich lange nicht entschließen, den gleichen Weg zu gehen, zwar hatte man schon im Jahre 1882 die Frage erwogen, aber die hohen Kosten und die Erfahrungen anderer Gesellschaften, die gleichzeitig auf mehreren großen Gebieten arbeiten, schreckten zurück.
[...] als im Jahre 1892 die Englische Kirchenmission sich durch politische Schwierigkeiten genötigt sah, ihre Station Moschi am Kilimanjaro abzugeben, erblickte die Generalversammlung darin einen deutlichen Fingerzeig und beschloss in Gottes Namen und im Vertrauen auf die tatkräftige Hilfe der alten, treubewährten Freundeskreise in Ostafrika mit der Arbeit einzusetzen. “

Missionsinspektor Martin Weishaupt, Gottes Spuren im afrikanischen Bergland. Bilder aus der Leipziger Missionsarbeit in Ostafrika, 5

Mission und Kolonialismus am Kilimanjaro

An der Stirnseite des Missionshauses in Leipzig steht bis heute dieser Befehl: „Gehet hin in alle Welt und predigt das Evangelium aller Creatur! Marci 16,15" Es ist gleichsam die Funktionsbeschreibung des Hauses. Jesus hat dieses Vermächtnis seinen Jüngern mitgegeben. Er hat ihnen damit in aller Verzagtheit und trotz ihres scheinbaren Unvermögens den Mut und die Kraft gegeben, zu Botschaftern des christlichen Glaubens zu werden.

Die Aussendung der vier Pioniermissionare geschah aufgrund des Beschlusses der Generalversammlung[1], neben Indien ein zweites Missionsfeld in Ostafrika zu eröffnen. Als konkrete Gründe für die Inangriffnahme eines neuen Missionsgebietes nannte Missionsdirektor Karl von Schwartz die vielen Missionare in Ausbildung, die „nicht alle in Indien verwendet werden können"[2] und die Beobachtung, dass„die Stimmung der heimatlichen Missionsgemeinden darauf hinweise" und „sie zu neuem Missionseifer anregen würde"[3].

Von Anfang an war es das Ziel, die Arbeit in einheimische Hände zu geben. Das Streben der Evangelisch-Lutherischen Mission zu Leipzig

> „geht dahin, durch Aussendung von möglichst durchgebildeten Missionaren nicht blos Einzelne aus der Heidenwelt für das Evangelium zu gewinnen, sondern auch die Gewonnenen zu Gemeinden evang.-luth. Bekenntnisses zu sammeln. – Ihr letztes Ziel aber ist, die so gesammelten Gemeinden durch Heranbildung eines einheimischen Lehrstandes, sowie durch Anleitung zur Bestreitung ihrer kirchlichen Bedürfnisse aus eigen Mitteln mit der Zeit selbständig zu machen."[4]

Ostafrika kam deswegen in den Blick, weil der Herr

> „in besonderem Maße eine offene Thür gegeben, mehrere Missionsgesellschaften sind schon durch dieselbe eingegangen und haben dort einige Stationen gegründet. Damit ist aber jener weit ausgedehnte Länderstrich noch lange nicht ganz besetzt. Es ist dort noch viel Raum und Anlaß zu neuen Missionsunternehmungen unter den verschiedenen, ganz von einander gesonderten Stämmen des Landes."[5]

Eine Begründung im Hinblick auf eine eventuelle deutsche Kolonie findet sich nicht. Zu den erwähnten Missionsgesellschaften gehörte auch die englische, mit der es später eine gute Zusammenarbeit gab.

> „Die Triebfeder der neuen Mission war Pfarrer Ittameier, damals in Reichenschwand. Er bestreitet später, daß die Gründung aus wesentlich nationalen und kolonialen

1 Die Generalversammlung bestand neben deutschen Vertretern auch aus Vertretern evangelisch-lutherischer Missionsvereine von Paris, Elsass-Lothringen, Schweden, Österreich, Ungarn, Warschau, Petersburg, Moskau, Kurland, Livland und Estland. (Vgl. Carl Paul, Die Leipziger Mission daheim und draußen, Leipzig 1914, 230)

2 Jahresbericht der Ev.-Luth. Mission zu Leipzig 1892, 216

3 a.a.O., 217

4 §2 der Grundbestimmungen der Evangelisch-Lutherischen Mission zu Leipzig, 74. Jahresbericht der „Ev.-Luth. Mission zu Leipzig" 1892

5 Jahresbericht der Ev.-Luth. Mission zu Leipzig 1892, 217

Gründen erfolgt sei. Er habe ja schon 1881 beantragt, in Leipzig auf eine Ausdehnung der Arbeit nach Ostafrika hinzuwirken, also vor der deutschen Kolonialära."[6]

Erst am 25. Juli 1893, also einen Monat nach der Abordnung der Missionare, wurde die Grenze zwischen England und Deutschland so festgelegt, dass das ganze Kilimanjarogebiet bei Deutschland verblieb.[7] Freilich, die Erschließung Ostafrikas hatte eingesetzt. „Handel und Kolonialpolitik strebten im Wettbewerb der Völker diese Länder zu durchdringen."[8] Es stellte sich die Frage: „Durfte die Mission diesen Kräften allein das Feld überlassen?"[9]

Karl von Schwartz, Missionsdirektor von 1891 bis 1911, schrieb, keinesfalls sollte der Eindruck entstehen:

> „als wenn das Missionsziel, daß alle Reiche der Welt unseres Gottes und seines Christus werden, eine nationale Verengung erfahren, und als ob das tiefe Missionsmotiv, die Liebe Christi, durch egoistische Motive wie die Förderung der deutschen Kolonien getrübt werden könnte."[10]

Sein Nachfolger Carl Paul, Missionsdirektor von 1911 bis 1923, sah in aller Deutlichkeit eine „grundsätzliche Verschiedenheit" von „Mission und Kolonisation".

6 Paul Fleisch: Hundert Jahre lutherischer Mission, Leipzig 1936, 240
7 a.a.O., 266
8 a.a.O., 239
9 ebd.
10 Kolonialmissionstage, Entwurfsfassung Schreiben Karl von Schwartz vom 4.12.1912; ALMW II.32.277

> „Die Kolonialpolitik ist in ihrer Reinkultur eine ausgesprochene Egoistin. Wenn ein Volk Kolonien erwirbt, geht es nicht auf den Pfaden der Wohltätigkeit. Es sucht ein Abflußgebiet für seine überschüssige Bevölkerung oder Erleichterung in der Zufuhr wichtiger Nahrungsmittel ... Als Grundgedanken von alledem wird man hinstellen dürfen: das Mutterland will von den Kolonien zehren, sich auf deren Kosten bereichern. Die Mission stellt sich in einen ausgesprochenen Gegensatz zu solchen egoistischen Bestrebungen. Sie will aus den Kolonien für sich nichts holen; sie will etwas, und zwar ein hohes Gut, in die überseeischen Gebiete hinaustragen. Sie stellt sich in jeder Hinsicht als eine Wohltäterin der Kolonialbevölkerung dar. Mission und Kolonialpolitik haben also von Haus aus ganz verschiedene Beweggründe. Und wenn sie sich begegnen, geraten sie leicht in eine gewisse Gegnerstellung, zumal wenn die Kolonisatoren jenen selbstsüchtigen Standpunkt mit aller Schärfe und Rücksichtslosigkeit geltend machen. Da sieht sich die Mission unversehens in die Rolle eines Anwaltes der Eingeborenen gedrängt, die sie nicht vergewaltigen lassen will. So kommt es zur Gegnerschaft zwischen beiden."[11]

Um dies auch äußerlich erkennbar werden zu lassen, wurde prinzipiell auf einen lokalen Abstand zu kolonialen Gebäuden oder Zelten orientiert.

> „Die evangelische Mission hat es nicht gern, zugleich mit der militärischen Besetzung des Landes sich ir-

11 Paul: Die Leipziger Mission daheim und draußen, 218

Militärstation Moschi mit den männlichen Europäern und der Kompagnie. (Hauptm. Johannes; Lieut. Merker; Dr. Eggel; Zahlmeister Körner; Sergeant Bartscher; Lazaretgehülfe Handfest; schwarzer Officier [Effendi]). 1897.

Militärstation Moschi mit den männlichen Europäern und der Kompagnie (Hauptmann Johannes, Leutnant Merker, Dr. Eggel, Zollmeister Körner, Sergant Bartscher, Lazaretgehilfe Handfest, schwarzer Offizier [Effendi]). 1897

Nachlass Missionar Gerhard Althaus, Privateigentum Dorothea Althaus-Pultke

gendwo niederzulassen. Es liegt die Mißdeutung seitens der Eingeborenen gar zu nahe, das Schwert und Kreuz miteinander im Bunde stehen, das Land zu erobern."[12]

Diese Worte stehen in einem Buch, das am Vorabend des Ersten Weltkrieges erschien. Es war eine Zeit der nationalen und kolonialen Hochstimmung. Noch deutlicher wird Missionsdirektor Paul bei einem Vortrag im November 1914, also nach Kriegsbeginn:

„Das Eingeborenen-Problem, namentlich im Zusammenhang mit der Arbeiterfrage, ist noch immer ein viel umstrittenes, ungelöstes Rätsel, bei dem die Forderungen der brutalen Kolonialegoisten denen der Menschenfreunde schroff gegenüberstehen."[13]

Das sind sehr deutliche Worte für diese Zeit. Wenn man mit nationaler Absicht inmitten des deutschen Kolonialismus die Arbeit betrieben hätte, hätten die Leipziger Missionare wohl kaum nach dem Ersten Weltkrieg in das von England übernommene Gebiet zurückkommen können.

Ein weiterer Beleg für die geringen nationalen beziehungsweise kolonialen Beweggründe ist die Frage der Unterrichtssprache in den allgemeinbildenden Missionsschulen. Dort wurde, anders als in Schulen in englischen, französischen oder spanischen Kolonien, eben nicht Deutsch als Unterrichtssprache eingeführt.[14] Missionsdirektor Paul wandte sich scharf gegen Forderungen „das Deutsche als Unterrichtssprache in einer afrikanischen Dorfschule zu benutzen". Man solle die Missionare „dabei lassen, mit den Negerkindern in ihrer Muttersprache zu reden und die deutschen Lektionen als fremdsprachlichen Unterricht zu behandeln."[15]

Im Archiv finden sich etliche Beispiele für konkrete Auseinandersetzungen. Missionsdirektor Karl von Schwartz schrieb 1901 an das Auswärtige Amt:

„Wie sich aus dem Obrigen ergiebt, hat zu dem Unwillen der Bevölkerung ganz wesentlich die Art beigetragen, wie ohne Rücksicht auf ihre wirtschaftlichen Bedürfnisse die Eingeborenen zu Frohndiensten herangezogen sind. Es kann ja zweifellos zur Instandhaltung von Wegen, Brücken u.s.w. ihre Arbeit nicht entbehrt werden. Indessen liegt doch die Frage nahe, ob es billig ist, ihr Arbeiten umsonst von denen zu verlangen, die Hüttensteuer entrichtet haben? Es ist doch allgemein anerkannt, daß überall (?) Sklaverei herrscht, die Arbeit als etwas Entwürdigendes betrachtet wird und es liegt auf der Hand, daß eine zwangsweise Heranziehung zur Arbeit ohne Entgelt – ein Verfahren, das in den Augen der Eingeborenen der Sklaverei doch außerordentlich ähnlich sieht[16] – weit

12 a.a.O., 220

13 Das deutsche Kolonialreich im Kriege. Vortrag gehalten am 17. November 1914 in der Deutschen Kolonialgesellschaft, Ortsgruppe Leipzig, von Professor Dr. Carl Paul, Missionsdirektor; Archiv der Franckeschen Stiftungen zu Halle, ALMW II.6.9., 12

14 Ab 1925 wurde in höheren Schulen Englischunterricht von deutschen Missionaren unterstützt. Fleisch: Hundert Jahre lutherischer Mission, 422

15 „Leistungen der Mission für die Kolonien und ihre Gegenforderungen an die Kolonialpolitik", Vortrag von Carl Paul auf dem Kolonial-Kongreß, in: Evangelisch-Lutherisches Missionsblatt, Leipzig 1902, 520. Die gleiche Ansicht findet sich im Evangelisch-Lutherischen Missionsblatt, Leipzig 1906, 248

16 Die ab 1880 in Deutschland aktive Anti-Sklaverei-Bewegung hatte als Hauptsäulen den Evangelischen Afrikaverein und den Afrikaverein deutscher Katholiken. Das Deutsche Antisklaverein-Komitee wurde zwischen 1891 und 1892 von Wilhelm Adolph Maximilian Fürst zu Wied geleitet. Eine unter seiner Führung stattfindende Lotterie erbrachte die Mittel zum Bau eines Schiffes, das zur Bekämp-

Missionsdirektor Dr. h. c. Carl Paul

Portraitalbum, Historisches Bildarchiv des Evangelisch-Lutherischen Missionswerkes Leipzig e. V.

entfernt, sie zur Arbeitsamkeit zu erziehen, ihnen die Arbeit vielmehr verleidet. Dazu kommt, daß auch ihr Rechtsgefühl durch Forderungen, die Ihnen als willkürlich erscheinen, nicht entwickelt, sondern verletzt wird. Ich möchte mir deshalb die Frage erlauben, ob es nicht angeht, Anordnungen dahin zu treffen, daß Arbeiten im Landes-Interesse – ganz zu geschweigen von solchem, die im Privatinteresse geschehen, wie die Herrichtung eines (?)-Tennis-Platzes in Moshi – nicht umsonst gefordert werden, sondern aus dem Steuerertrage des Distriktes zu bezahlen sind."[17]

Für die Bezahlung solle ein klares Berechnungssystem nach ortsüblichen Tagelöhnen durchgesetzt werden.

Oberleutnant Moritz Merker hatte als neuer Leiter der Kolonialverwaltung in Moshi eine Zwangsumsiedlung aller Einwohner von Marangu angeordnet, die innerhalb von drei Monaten abgeschlossen sein sollte. Daraufhin ging Missionar Althaus nach Moshi, um wenigstens eine Fristverlängerung und eine Aussetzung der Maßnahme für die älteren Menschen zu erwirken.[18]

Missionsdirektor Karl von Schwartz beschwerte sich daraufhin beim Kolonialamt in Berlin:

„Eine ganz andere Frage ist es aber, ob eine so radikale Änderung der althergebrachten Volkssitten inbetreff der Wohnung, sei es binnen 3 Monaten, wie die Eingeborenen nach der Bekanntmachung des Feldwebels Merker zuerst annahmen, sei es nach 2-3 Jahren jetzt in Aussicht genommen zwangsweise durchzuführen ist ... so geht doch aus dem ganzen Tenor seines Schreibens hervor, daß er sich die Befugnis beilegt, Maßnahmen wie die Versetzung der Eingeborenen in geschlossene Dörfer und die Einführung (?) Weidegangs für das Vieh einfach anzuordnen und die Neuanlegung von Hütten außerhalb der von ihnen geplanten Dorfplätze zu verbieten. Angesichts dieser Vorgänge hat sich der Bevölkerung des (?) Gebietes eine solche Furcht bemächtigt ... Sie werden in solchen Zwangsmaßregelungen Äußerungen einer despotischen Gewalt sehen, die unverstanden ihnen schwerer erträglich ist als die despotische Gewalt ihrer Häuptlinge".[19]

Sein Nachfolger Dr. Carl Paul hielt 1902 eine Rede auf dem Berliner Kolonialkongress. Darin forderte er,

„die Gesetze und Verordnungen sollen christlichen Geist atmen ... die Beamten, bei deren Auswahl mit größter Sorgfalt zu verfahren ist, sollen ein sittliches und anständiges Leben zu führen genötigt sein ... Die Organe der Regierung sollen nie rücksichtslos und grausam gegen die Eingeborenen verfahren ... Die im Regierungsdienst stehenden niederen Polizeiorgane, z. B. die ostafrikanischen Askaris, sind in Zaum und Zügel zu halten, daß sie ihre Macht nicht mißbrauchen oder gar zu einer moralischen Pest für ihre Umgebung werden. Die Erwerbsgesellschaften und Privatpersonen, die in den Kolonien Geld verdienen wollen, sind zu hindern, daß sie die Rechte der Eingeborenen nicht

fung der Sklavenjagd auf dem Nyassasee, dem heutigen Malawisee, eingesetzt wurde.

17 Schreiben von Direktor Schwartz an die Kolonialabteilung des Auswärtigen Amts, 16.09.1901; Archiv der Franckeschen Stiftungen zu Halle ALMW II.6.2

18 Evangelisch-Lutherisches Missionsblatt, Leipzig 1901, 403. Die Umsiedlung beabsichtigte, die epidemisch auftretenden Pocken durch eine kontrollierte Impfung aller auszurotten, den Kindermord und die „grausame Züchtigung von Sklavenkindern" einzudämmen.

19 Schreiben von Missionsdirektor Schwartz an die Kolonialabteilung des Auswärtigen Amts, 16.9.1901; Archiv der Franckeschen Stiftungen zu Halle ALMW II.6.2

mit Füßen treten oder die Schwächen der Naturvölker benutzen, sie durch die gefährlichen Gaben europäischer Kultur und Überkultur zu verderben ...“[20]

All diesen Forderungen lagen konkrete Missstände zu Grunde, von denen die Missionare in ihren monatlichen Berichten das Leipziger Missionshaus in Kenntnis setzten. So schreibt Missionar Hermann Gerhold 1903:

„Neulich habe ich wieder einmal in Erfahrung gebracht, wie schlaff und hauptsächlich auf Geldgewinn bedacht das hiesige Regiment ist. Ich brachte einen Mord, der im vorigen Sommer hier geschehen war, zur Anzeige. Ich sandte den Bruder des Ermordeten als Kläger, dazu den Pfeil, mit dem der Mord ausgeführt worden war, und ein Verzeichnis der Zeugen auf die Regierungsstation. Darauf wurde mir nur der Bescheid zu Teil, daß die Sache nicht untersucht werden könne, weil der Kläger noch keine Hüttensteuer gezahlt habe. Daß bei solcher Verwaltung keine Ordnung im Lande werden kann, ist klar. Aber traurig ist es, daß die Verwaltung sich soweit vergißt, daß sie Mord und Totschlag duldet, nur weil sie ihre Steuern nicht bekommt. In den zwei Monaten meines Hierseins wurde eine Frau erschossen und zwei Alte, die Schulden eintreiben wollten, wurden vergiftet.“[21]

20 „Leistungen der Mission für die Kolonien und ihre Gegenforderungen an die Kolonialpolitik“, Vortrag von Carl Paul auf dem Kolonialkongress, in: Evangelisch-Lutherisches Missionsblatt, Leipzig 1902, 519f. In diesem Vortrag stellt Carl Paul zunächst die Leistungen der Mission für die Geographie, die Völker- und Naturkunde, die Sprachforschung, die Schulen und so weiter heraus. Er hält es auch nicht für unangemessen, die Forderung zu erheben, dass die deutsche Regierung für die allgemeinbildenden Aufgaben der Missionsschulen eine staatliche Unterstützung gibt.

21 Evangelisch-Lutherisches Missionsblatt, Leipzig 1903, 459f

1905 kam es zum Maji-Maji-Krieg, der allerdings nur die Südost-Hälfte von Deutsch-Ostafrika betraf. Die Frankfurter Zeitung veröffentlichte dazu Folgendes:

„In den Wind geschlagene Warnung. Zu den Unruhen in Deutsch-Ostafrika erhält die Frankf.Ztg. eine Zuschrift, in welcher erklärt wird, daß die Missionare am Kilimanjaro bereits vor vielen Monaten eine vertrauliche Eingabe an das Auswärtige Amt gerichtet haben, worin sie auf die Gefahr eines blutigen Aufstandes infolge verschiedener Maßnahmen hingewiesen haben. Dieser Bericht sei aber nicht beachtet worden. Das Blatt erklärt, das Auswärtige Amt könne nicht umhin, über die Gründe seines Verhaltens sich bald zu äußern.“[22]

Derart offene Kritik an der Kolonialherrschaft einschließlich der Weigerung, die Mission für koloniale Zwecke zu vereinnahmen, hatte ihren Preis.

1907 wollte die Leipziger Mission ein neues Gebiet an den östlichen Rändern des Victoria-Sees übernehmen. Dafür mussten sie einen Antrag an das Reichskolonialamt in Berlin stellen. Der Gouverneur von Deutsch-Ostafrika Georg Albrecht Freiherr von Rechenberg lehnte das Ansinnen ab, weil die

„bisherigen Vertreter dieser Gesellschaft im Bezirk Moschi ... es vielfach nicht verstanden, vielleicht sogar an dem guten Willen fehlen lassen, mit den Behörden im Einvernehmen zu leben. Die Ursache dieser Differenzen war fast stets in grundlosen Empfindlichkeiten der Missionare oder in ungerechtfertigter Einmischung in die Massnahmen der lokalen Behörden zu suchen ... Dazu kommt, dass die Leipziger Mission bisher nicht nur die Förderung deutscher Sprach-

22 Vorwärts Nr. 253 v. 28.10.05, Archiv der Franckeschen Stiftungen zu Halle, II.6.2.

kenntnis, sondern auch die des Kisuaheli bei den von ihr missionierten Kindern principiell abgelehnt hat, wodurch manche wichtige Interessen des Schutzgebietes und speziell gewisse Aufgaben der Verwaltung geschädigt oder zum mindesten nicht den Nutzen aus diesem Schulunterricht ziehen können, der andernfalls von ihm zu erwarten wäre."[23]

23 Schreiben des Gouverneurs an das Reichskolonialamt vom 16.06.1907; BArch R 1001/848, Bl. 134-135

Kommentar

Es ist bitter, wenn in der heutigen Zeit aus Unkenntnis oder Ignoranz aus Anwälten Täter werden. Ein Verbot, miteinander zu reden, haben sich die Missionare nicht auferlegt. Man begegnete sich auf Schritt und Tritt. Die Missionare waren in der Lage, die sehr unterschiedlich arbeitenden deutschen Beamten zu differenzieren. Auch in der DDR kam kein Kirchenvertreter auf die Idee, aufgrund der von der Regierung verantworteten Morde an der Mauer nicht mit Beamten des Staatsapparates zu sprechen.

Dampfschiff vor Anker

Die Missionare fuhren mit dem Dampfer „Bundesrath" der Deutschen Ost-Afrika-Linie. Der Linienverkehr war 1890 aufgenommen worden. Unmittelbar nachdem der Äquator passiert war, gab es einen lauten Knall und das Schiff stand still. Der Deckel des Dampfkessels war zerbrochen.

Sammlung Emil Müller, Privateigentum Andreas Kecke, Bild-Nr. 011 0015

Schiffe im Hafen

Die Dampfschiffe lösten damals die Segelschiffe ab. In der Übergangsphase gab es kohlebetriebene Dampfschiffe mit Segel. Die Kolosse aus Stahl waren für Afrikaner beeindruckende Erscheinungen einer fernen Welt.

Sammlung Emil Müller, Privateigentum Andreas Kecke, Bild-Nr. 009 0001

Plan des Suezkanal

Mir der Eröffnung des Suezkanals im Jahr 1869 wurde der Seeweg von Europa an die Ostküsten Afrikas erheblich verkürzt, was zu einer erhöhten Reisetätigkeit führte.
Im Hafen von Port Said konnten die Schiffe neue Kohle laden.

Historische Postkarte, o.J., Historisches Bildarchiv des Evangelisch-Lutherischen Missionswerkes Leipzig e. V.

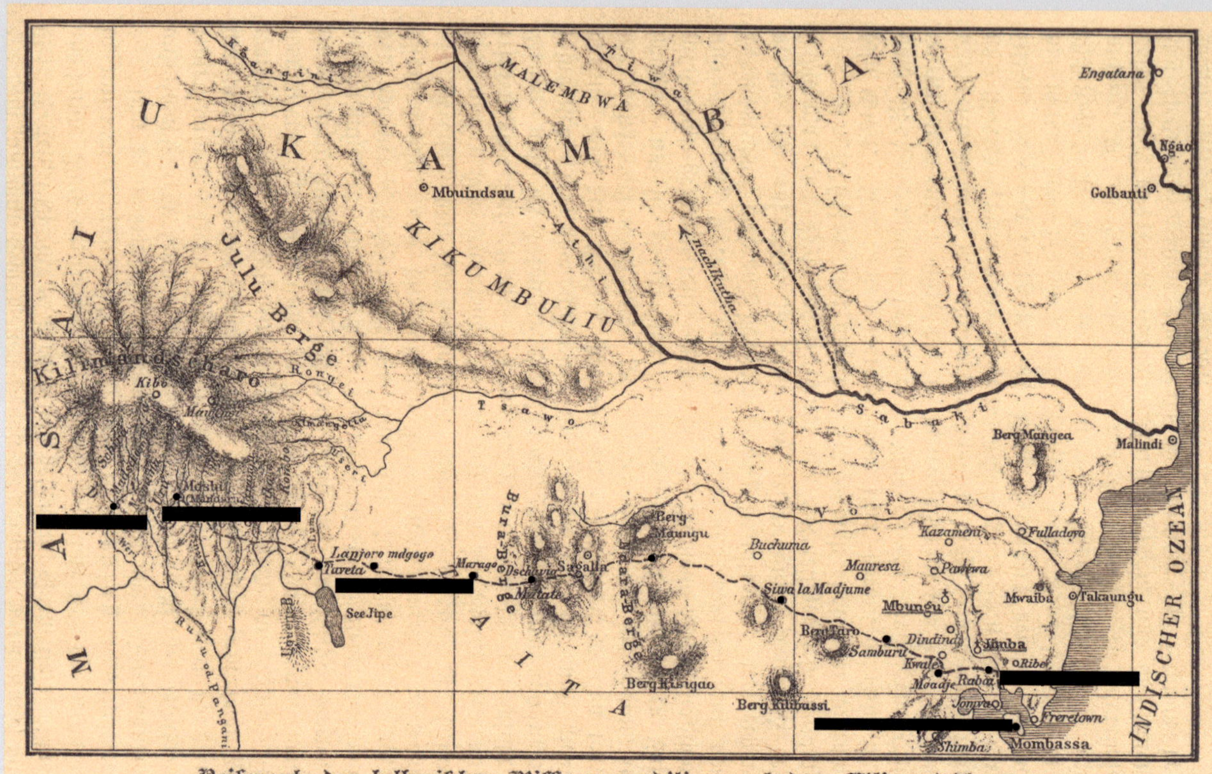

„Reiseroute der lutherischen Missionsexpedition nach dem Kilimandscharo"

Die Eisenbahn brachte die vier Missionare über München durch die Schweiz und Italien bis nach Neapel. Dort stieß der „Expeditionsleiter" Indienmissionar Paesler zur Gruppe. Ihr Gepäck war bereits in Hamburg verladen worden, 104 kleinere Kisten in 17 großen verstaut.
Nun bestiegen auch sie den Dampfer „Bundesrath" der Deutschen Ost-Afrika Linie (DOAL), der sie innerhalb von drei Wochen über das Mittelmeer, durch den Suez-Kanal und das Rote Meer nach Tanga brachte. Nach Aufenthalten in Daressalam und Sansibar reisten sie nach Mombasa. Von dort aus ging es zu Fuß weiter. Gut 300 Kilometer – „rund 480.000 Schritte" – waren es von der Küste bis zum Kilimanjaro.
Für den Transport der sehr umfangreichen Ausrüstung wurden in Mombasa 175 einheimische Träger angeheuert. Zudem gehörten ein Koch, einige Diener, darunter Jesudasen, der Paesler aus Indien begleitete, neun bewaffnete Soldaten (Askaris) und „etliche Oberaufseher" zur Missionskarawane. Sie bestand insgesamt „aus 199 Köpfen".

Historische Landkarte von 1893 aus dem Historischen Bildarchiv des Evangelisch-Lutherischen Missionswerkes Leipzig e. V.

Eine Reise ins Ungewisse

Bei deutschen und englischen Beamten empfehlen wir Ihnen [...] doch auch Vorsicht und Festigkeit. Sie werden sich [...] die Unabhängigkeit Ihrer Entschließungen zu bewahren haben, da Ihre Schritte [...] nicht von politischen Gesichtspunkten, sondern lediglich von der Rücksicht auf das Gelingen Ihrer Expedition und das Gedeihen der Mission bestimmt werden dürfen.

Instruktion an Missionar Gerhard Althaus

Die erste Station der neuen Ostafrika-Mission sollte in Moshi entstehen, wo man Land von der englischen Kirchenmission erworben hatte. Doch die fünf Missionare aus Leipzig mussten fast zwei Monate in Mombasa abwarten. *Mangi* Meli, der *Mangi* der Region Moshi, hatte sich mit zwei weiteren *Mangis* gegen die Enteignungen und Zwangsmaßnahmen der deutschen Kolonialmacht erhoben und wurde in einem vierstündigen Gefecht niedergeschlagen. Es war ein ungleicher Kampf, in dem die deutschen Militärs ihre Ansprüche unerbittlich und grausam durchsetzten.

Als die Missionare schließlich am 30. September 1893 nach zwei Wochen Fußmarsch mit ihrer Karawane in Moshi am Kilimanjaro eintrafen, war Meli besiegt und sein Gehöft zerstört.

Die fünf Leipziger entschieden, ihre Arbeit nicht in dieser noch von den Auseinandersetzungen geprägten Region zu beginnen. So zogen sie weiter in die Landschaft Machame, wo *Mangi* Shangali ihnen einen Platz in seiner Nähe anbot. Am Südwesthang des Kilimanjaro, 1.540 Meter über dem Meeresspiegel, entstand die erste Missionsstation der Leipziger Mission.

„Lastenträger eines Missionars vor dem Abmarsch ins Innere von Afrika"

Kolorierte Postkarte, Verlag der Evangelisch-lutherischen Mission zu Leipzig, o.J., Serie Afrika II, Bild Nr. 2

Auszüge aus dem Reisetagebuch

24. Mai 1893: „Es war ein erhebender Augenblick, als ... in der Nikolai-Kirche zu Leipzig … vier junge Sendboten ..., Althaus, Faßmann, Müller und Böhme, vor dem Altar standen und unter den Gebeten der Gemeinde für den Missionsdienst in Deutsch-Ostafrika abgeordnet und eingesegnet wurden." Als Leiter der Expedition ist Traugott Paesler vorgesehen, ein erfahrener Indien-Missionar, den man eigens zurückgerufen hatte.

30. Mai: „Am 30. Mai verabschiedeten sich die vier ... von ihren Freunden in Leipzig, um über München, Lindau, durch die Schweiz und Italien nach Neapel zu eilen." Paesler reist von Nürnberg aus.

7. Juni: Das Postschiff „Bundesrath" legt pünktlich ab. Das Gepäck war bereits in Hamburg verladen worden, 104 kleinere Kisten in 17 großen verstaut. Emil Müller schreibt an Direktor Karl von Schwartz: „Ich bewohne mit Br. Paesler eine Kabine, in der wir kaum das Allernötigste unterbringen können und das Einfachste fehlt; mancher Einrichtungen des Schiffs würden wir uns am liebsten nicht bedienen ... "

25. Juni: Ein schwerer Sturm. Die Missionare feiern ihre Bewahrung im sonntäglichen Gottesdienst. Aber: „Genau um Mitternacht, ... als eben der Äquator passiert war, entstand im Maschinenraum plötzlich ein furchtbarer Lärm, man hörte einen lauten Knall und dann stand das Schiff still, wie angewurzelt. Man konnte denken, es sei auf dem Äquator festgefahren."

28. Juni: In Tanga wartet man auf die „Bundesrath", die wegen des Maschinenschadens vier Tage Verspätung haben wird. Angesichts der damaligen Kommunikationsmöglichkeiten ein Grund zu großer Sorge.

2. Juli: Ankunft in Tanga. „Welch herrliches Bild bot sich hier unseren Augen dar! Wir glaubten uns auf einem kleinen Binnensee zu befinden. Ringsum standen Kokospalmen, Affenbrotbäume und Platanen in üppiger Pracht ..."

5. Juli: Die „Bundesrath" muss einen Umweg über Sansibar machen. Die Missionare gehen einkaufen und besuchen die „Missionsanstalten der Universitätenmission".

8. Juli: Paesler und Althaus werden zum deutschen Konsul gebeten. Er hat ein Telegramm vom Gouverneur aus Daressalam mit der „Mitteilung, daß eine kriegerische Expedition in Vorbereitung sei, weswegen es für uns ratsam sei, nicht direkt nach Moschi zu gehen, sondern vorher nach Marangu zu kommen."

11. Juli: Fahrt von Sansibar nach Mombasa

13. Juli: Ankunft in Mombasa. Zoll-Genehmigungspapiere müssen beschafft und die Unterbringung für die ersten Tage organisiert werden. Paesler schreibt in seinem Bericht: „[N] un wurden vormittags unsere Sachen ausgeladen ... Soviel ich auch ... zur Vorsicht ermahnte, mußte ich doch oft mit schwerem Herzen sehen, wie die Kisten und Kasten gemißhandelt und in kühnem Fluge in das Boot hinabgeschleudert wurden ..."

12. August: Der kaiserliche Gouverneur von Schele besiegt „die aufständischen Häuptlinge ... in einem vierstündigen heißen Gefecht bei Moschi ... und nötigt sie zur Annahme der deutschen Friedensbedingungen am 15. August."

3. September: Seit fast zwei Monaten warten die Missionare in Mombasa, weil am Kilimanjaro noch immer gekämpft wird. Sie lernen Swahili und besuchen benachbarte Stationen anderer Missionen. Nun die ersehnte Nachricht: Die kriegerische Expedition der deutschen Truppen am Kilimanjaro ist beendet.

5. September: „[Nun] ging es frisch an das Umpacken unserer Sachen ... Das war aber keine leichte Aufgabe: der Inhalt der großen Kisten mußte zu einzelnen Lasten von 63-65 (engl.) Pfund Gewicht verpackt ... werden. Außerdem sollten die Lasten handlich sein. Denn unförmliche, hochaufgetürmte Lasten sind den Trägern ein Abscheu."

14. September: „Endlich gegen 3 Uhr nachmittags war alles fertig. Am Morgen hatten wir uns noch aus Gottes Wort mit Gebet für die Reise gestärkt. Die Brüder gingen ... die Einladung der Sachen in die Dhau ... zu überwachen ..." Mit dem großen Segelschiff erreichen sie abends das Festland. „Noch ein kleiner steiler Weg und wir sind gegen 8 Uhr in unserem ersten afrikanischen Lagerplatz angekommen."

15. September: „Nach etwa zweistündigem Marsche sind wir in Rabai angelangt. Hier finden wir Herrn Dick damit beschäftigt, die Namen der sich noch meldenden Träger aufzuschreiben, ihnen Vorschuß an Geld zu geben und durch seinen schwarzen Gehilfen ihnen das übliche ‚Poscho' (Wegzehrung), bestehend aus 7 Maß Reiß und 2 Doti weißes Zeug (à 8 Armlängen) zumessen zu lassen. ... [In] langer Reihe (liegen) unsere 187 Lasten der Nummer nach geordnet."

17. September: „Nach dem Morgengebet und Frühstück geht es sofort an die Ordnung der Karawane. Die aufgeschriebenen Träger werden namentlich aufgerufen ... Der Liste nach haben wir 2 Hauptleute, 5 Boys, 1 Suahelikoch und 1 Hilfskoch, sodann Jesudasen" (der tamulische Diener von Missionar Paesler) „und 175 Träger mit 9 Askaris oder Soldaten ... Es wird gegen ½ 10 Uhr, ehe jeder Träger bei seiner Last steht und noch sind einige Gegenstände, wie Petroleumkannen und Kochgeschirre übrig, die dem und jenem mit Gewalt aufgedrungen werden müssen."

19. September: „Bruder A. überwachte ... die Austeilung des Wassers. Die 15 Petroleum-Gefäße reichten für die ganze Karawane, und für uns blieb noch eine ganze Last Wasser reserviert. Aber o weh! Wie schmeckte der davon gekochte Kaffee nach Petroleum! Es gehörte der ganze Appetit eines afrikanischen Steppen-Wanderers dazu, um ein derartiges Getränk hinunterzuschlucken."

25. September: Große Aufregung: Zum ersten Mal zeigt sich der Kilimanjaro über den Wolken, das Ziel der Reise der fünf Missionare und ihrer Begleiter.

27. September: Nach elfeinhalb Stunden Marsch erreicht die Karawane Taveta. Der englische Missionar Rev. McGregor empfängt die deutschen Kollegen freundlich und verhilft ihnen zu einem Ruhetag.

30. September: Ankunft in Moschi. „Hier wird uns das nicht allzugroße Grundstück gezeigt, das einst der englischen Kirchenmission gehört hat und jetzt in den Besitz unserer Mission übergegangen ist."

1. Oktober: Hauptmann Johannes empfiehlt, sich zunächst in Madschame niederzulassen, da in Moschi alle Arbeiter zum Bau der deutschen Verwaltungsgebäude gebraucht würden. Allerdings sind nur noch 70 Träger da. Ein Teil des Gepäcks bleibt in der deutschen Boma zurück.

3. Oktober: „Wie dankten wir Gott von Herzen, als wir gegen 2 Uhr am Ende unserer Reise angelangt waren. Auf ein Stück weißes Zeug nähten wir ein rotes Kreuz und pflanzten diese Fahne in dem Boden von Madschame auf zum Zeichen, daß hier in diesem Lande nun der verkündigt werden sollte, der aller Welt Heiland ist und auch für diese armen Madschame-Leute sein teures Blut vergossen hat."

4. Oktober: Häuptling Shangali schickt den Missionaren eine Ziege und bittet sie, weiter hinauf in seine Nähe zu kommen. Das angebotene Stück Land scheint noch besser geeignet als das eigentlich vorgesehene, da leichter Bauholz herbeizuschaffen sein wird, und so entscheidet man sich für einen „Umzug".

5. Oktober: „Heute ... sind wir mit der Karawane herauf gekommen und haben unsere Kreuzesfahne ... aufgerichtet und also festen Fuß hier in Madschame gefaßt ... P.S. Das Thermometer steht jetzt 11 ½ Uhr nachts auf 10° R. und es friert mich fast an die Füße." (10° Réaumur entsprechen 13° Celsius.)

6. Oktober: Die Missionare machen Antrittsbesuche beim Onkel des Häuptlings, Nasua, anschließend bei seiner Mutter. Einige der Träger sind zurückgeblieben und machen sich sofort daran, Schuppen und Häuser zu bauen. Paesler schreibt „Wir sehen uns noch einmal unser Grundstück näher an und finden, daß es ein prachtvoller Besitz und für eine Ansiedelung ganz geeignet ist."

„Lichtstrahlen im dunkeln Erdteile"

Über die Anfänge der Leipziger Mission am Kilimanjaro gibt es einige kleine Hefte, die unter dem Titel „Lichtstrahlen im dunkeln Erdteile" im Verlag der Leipziger Mission erschienen.
Nr. 1 und 2 von 1894 sind die Reisetagebuchaufzeichnungen von Missionar Traugott Paesler mit dem Titel „Von Mombasa nach dem Kilimandscharo" (Reise der ersten Expedition der Ev.-luth. Mission zu Leipzig nach dem Dschagga-Lande; vom 14. September bis 5. Oktober 1893).

Ein Digitalisat ist verfügbar bei der Universitätsbibliothek Johann Christian Senckenberg, Frankfurt am Main, 2018: URN: urn:nbn:de:hebis:30:2-324242

„Ankunft einer Missions-Karawane am Kilimandscharo"

Das Bild aus dem Evangelisch-Lutherischen Missionsblatt von 1899 zeigt die „Ankunft einer Missions-Karawane am Kilimandscharo", der im Hintergrund deutlich zu sehen ist. Die Missionare tragen weiße Anzüge und Tropenhelme. Im Gegensatz zum schriftlichen Bericht von Missionar Traugott Paesler zur Ankunft der Leipziger Missionare 1893 in Machame zeigt die Flagge ein weißes Kreuz auf dunklem Grund und kein rotes auf weißem Grund. Nach Paesler nähten die Missionare die Fahne auch erst am Tag der Ankunft am 3. Oktober 1893: „Auf ein Stück weißes Zeug nähten wir ein rotes Kreuz und pflanzten diese Fahne in dem Boden von Madschame [...]". Sie wurde also nicht auf dem Weg an der Spitze des Zuges getragen. In diesem Sinne handelt es sich möglicherweise auch um eine andere Missions-Karawane. In jedem Fall ist es ein stilisiertes Bild, das von einem Europäer gemalt wurde.

Evangelisch-Lutherisches Missionsblatt, 1899, Nr. 22, 475

„Regenschirme und Socken, rote Mützen ...“
Die Ausrüstung der Missionsexpedition

Das Gepäck der Missionare war äußerst umfangreich. Es wurde versucht, auf alle Eventualitäten vorbereitet zu sein und möglichst viel mitzunehmen:

„... und so kam zu jener sprachlichen und technischen Vorbereitung unserer Missionare auch noch die umfassendste Ausrüstung der ganzen Expedition. Es mußte nicht nur für die nötige Kleidung und Wäsche, für die wichtigsten Bücher und Schriften, für allerlei Nahrungsmittel in geeigneter Zubereitung gesorgt werden; es bedurfte auch der Ausrüstung mit den mancherlei Geräten und Werkzeugen, die man beim Bauen eines Hauses, beim Pflanzen eines Gartens, zum Gewinn des täglichen Brotes oder zum Schutz der Wohnung nicht entbehren kann, und immer bunter wurde das Bild, das sich allmählich im Lagerraum unseres Missionshauses entrollte.
Mußte doch auch für die nötigen Geschenke an die Häuptlinge und für nicht minder nötige Tauschwaren gesorgt werden, als da sind billige silberne Uhren oder bunte Glasperlen, blaues Leinen oder Barchent, Beile und Feilen, große und kleine Messer, Scheren und Glocken, Regenschirme und Socken, rote Mützen, bunte Taschentücher, Sandalen.“

Albrecht Hofstätter: Madschame, die erste Station der Leipziger Ev.-lutherischen Mission in Deutsch-Ostafrika, Reihe: Lichtstrahlen im dunkeln Erdteile. Nr. 4, Leipzig 1901, 5

Portraitalbum, Historisches Bildarchiv des Evangelisch-Lutherischen Missionswerkes Leipzig e. V.

Gerhard Althaus

Der 10. Juli 1895 war für mich ein glücklicher Tag. Häuptling Koimbere von Mamba kam in großer Begleitung [...] Einige Tage vorher hatte ich [...] mit Nachdruck betont, ich sei hierher gekommen, um alle Leute, kleine und große, ja auch den Häuptling zu unterweisen. Gott habe mich dazu hierher gesandt. Nun saßen sie vor mir und warteten darauf, was ich ihnen zu sagen hatte ...

Gerhard Althaus, Mamba – Anfang in Afrika, 1935

Gerhard Althaus, geboren 1866 in Fallersleben/Hannover, wuchs in einer alten gelehrten Pastorenfamilie auf. Er studierte Theologie in Tübingen, Leipzig und Göttingen und trat 1892 auf persönliche Anfrage von Direktor von Schwartz ins Leipziger Missionsseminar ein. Neben Swahili belegte er unter anderem auch – damals außergewöhnlich – einen Hebammenkurs. Nach 17 Jahren erfolgreicher Arbeit – an seiner Seite ab 1895 seine Frau Johanna, geborene Wolckenhaar – in Ostafrika musste die Familie 1910 krankheitsbedingt zurückkehren. Althaus hatte acht Kinder. Die älteste Tochter Elisabeth verstarb nach wenigen Monaten in Moshi. Zwei Söhne verloren sie in den beiden Weltkriegen. Gerhard Althaus verstarb 1946 in Wolfenbüttel.

„Häuptling Koimbere in seinem Staat"

Der *Mangi* sitzt vor einem Pflanzenzaun. Er trägt ein weißes langes Gewand, eine weiße Mütze und eine graue Weste. Er hält einen Spazierstock in der Hand und sieht den Fotografen direkt an. Das Bild stammt wahrscheinlich von Johannes Schanz (1876-1963). Von 1901 bis 1910 war er Missionar der Leipziger Mission in Moshi und Mamba.

Historisches Bildarchiv des Evangelisch-Lutherischen Missionswerkes Leipzig e.V., Album 11, Bild-Nr. 276

„Dieser Europäer, der da unterrichtet, ist kein Deutscher."

„Am 24.4.1936 versammelten sich die Christen von Mamba und Marangu, um sich ihres alten Missionars zu erinnern [...]. Dieser Herr ist der erste, der unserem Chagga-Land im Jahre 1893 Licht, das heißt Gottes Wort, zu bringen begann. [...] Dieser Herr ist es, von dessen Schwierigkeiten in jenen Tagen hier in Mamba und Marangu ich euch erzählen will. Er kam zum ‚Mangi', nämlich unserem Sultan von Mamba, der Koimbere hieß. Er bat ihn um einen Platz zum Bau einer Mission. Als aber die Landesbewohner seine weiße Farbe bemerkten, sprachen sie: ‚Dieser Europäer pflegt Menschen zu essen; er soll nicht nahe bei Menschen bauen; er wird uns unseren Stamm zunichte machen.' Sie brachten ihn an einen Ort mit einem großen, menschenleeren Wald mit vielen Dornbäumen. Die Menschen pflegten dahinein die Leichname ihrer Toten zu werfen. Dieser Wald war voll von großen Leopar-

den und Schakalen, von Schlangen und vielem anderen Wild. Gerade hier baute er zuerst eine kleine Hütte aus Stämmen und Steppengras. Er bat den Häuptling Koimbere um Kinder zur Hilfe bei der Arbeit im Hause. Ihm wurden drei Kinder gebracht, die im Lande ausgesucht worden waren. Man sagte: ‚Diese Kinder sind zu seiner Fleischkost, sie werden nicht wieder zu uns zurückkehren. – Dieser Europäer, der da unterrichtet, ist kein Deutscher. Die Deutschen sind Leute des Krieges. Aber dieser da, der da unterrichtet, ist wie eine Frau, die zieht nicht in den Krieg. Deshalb ist er kein Deutscher, und wenn er unsere Leute tauft, werden sie nicht wieder in den Krieg ziehen. Sie werden sich fürchten wie er und werden sein wie Frauen! Gut, jene drei Kinder samt denen, die freiwillig gingen, um bei ihm zu bleiben, mit diesen hauste dieser Herr sehr gut. Er hatte sie lieb und gab ihnen europäisches Zeug zum Anziehen und nährte sie mit Essen. Zur Zeit des Feiertages zur Geburt Jesu bekamen sie Bücher geschenkt, das Alte Testament und das Neue Testament und viele andere Sachen. Nachdem sie im Worte Gottes unterrichtet waren, baten sie darum, getauft zu werden. […] Viele Kinder wurden getauft. Jetzt begannen sogar erwachsene Menschen, die daheim im Hause lebten, die Taufe zu begehren, einer nach dem anderen, zu dritt, zu sechst, bis es viele wurden, ln diesen Tagen pflegen die Leute zu Hunderten auf einmal getauft zu werden. Jetzt sind es auf unserer Mamba- und Marangu-Mission zweifellos, kann ich Dir sagen, nahe an 5.000 Christen. Auch die Schüler, die in diesem Jahr 1936 unterrichtet werden, sind viele Hunderte. Dies ist das erste Große, das von diesem Herrn Althaus gepflanzt wurde.“

Bericht von M. Ruben Moshi Nyange, Mamba-Kilimanjaro, Ältester der Gemeinde in Mamba, veröffentlicht in „Mamba – Anfang in Afrika“

Portraitalbum, Historisches Bildarchiv des Evangelisch-Lutherischen Missionswerkes Leipzig e. V.

Albin Böhme

Sie wandeln allesamt noch in der Finsternis und Schatten des Todes, denn kein Feuer der wohlthuenden Liebe erwärmt sie und kein Licht von der Gnade Gottes in Christo wird ihnen aufgesteckt.

Albin Böhme in seinem Bewerbungsschreiben für das Leipziger Missionsseminar

---

Albin Böhme wurde 1869 in Dorfhain bei Tharandt zwischen Freiberg und Dresden als Sohn eines Zimmermanns geboren. Nach einer Tischlerlehre trat er Ostern 1887 mit 18 Jahren in das Leipziger Missionsseminar ein, in dem die sogenannten Zöglinge auch wohnten. Nach bestandenem Abschluss Ende 1892 besuchte er noch drei Monate, wie auch Gerhard Althaus, das Berliner Seminar für orientalische Sprachen, um Swahili zu lernen und sich auf seinen Einsatz in Ostafrika vorzubereiten.

Doch schon nach wenigen Monaten in Ostafrika erkrankte Albin Böhme an der Ruhr. Sein ganzer Körper war außerordentlich geschwächt. Gerhard Althaus begleitete ihn im Februar 1894 an die Küste für seine Rückkehr nach Deutschland.

Er wurde zunächst beurlaubt. Weil ihm die Ärzte jedoch von einem erneuten Einsatz in Afrika abrieten, schied er im Herbst 1897 schweren Herzens aus dem Missionsdienst aus und wurde Lehrer in Greiz. Albin Böhme starb 1949 in Aue im Erzgebirge.

Portraitalbum, Historisches Bildarchiv des Evangelisch-Lutherischen Missionswerkes Leipzig e. V.

Robert Faßmann

Am 11. Februar [1894] kam ich um die Mittagszeit hier in Moschi an. [...] Als aber die Zelte standen, versammelten wir uns in einem derselben, lasen bewegten Herzens einen Psalm und baten den Herrn um seinen Segen zu unserem Eingang und unserer Arbeit. [...] Unser Platz ist nicht übel.

Aus einem Brief von Robert Faßmann

Robert Faßmann wurde 1868 in Plauen im Vogtland in ärmlichen Verhältnissen geboren. 1887 im Leipziger Missionsseminar aufgenommen, bereitete er sich durch weiterführende Kurse in Medizin und in der Schlosserei auf seinen Einsatz in Ostafrika vor.
Als seine Frau Mathilde (Hochzeit 1901) erkrankte, kehrte die Familie 1908 auf Heimaturlaub zurück. Sie konnten ihretwegen aber nicht wieder ausreisen. So schied Faßmann 1910 aus dem Missionsdienst aus. Er wurde Gemeindepfarrer und starb 1942 in Pirna.
Am 11. Februar 1896 gründete Robert Faßmann gemeinsam mit Karl Segebrock und dem Missionsökonom Martin von Lany die dritte Missionsstation: Moschi (heute Kidia).

Portraitalbum, Historisches Bildarchiv des Evangelisch-Lutherischen Missionswerkes Leipzig e. V.

Emil Müller

Nur dunkel kam der Gedanke in meiner Seele bei der Besprechung Indiens in der Geographie: könnten diese ausgestoßenen Parias dort nicht menschenwürdiger durch das Christenthum gemacht werden. Könnte ihnen nicht das Evangelium Licht und Hilfe, die dem armen Heidenvolke überall und dringend von Nöthen sind, in Ihre Finsternis bringen?

Missionar Emil Müller

Emil Müller, 1868 in einer Weberfamilie in Zschopau im Erzgebirge geboren, arbeitete nach der Schulzeit in Plauen als Schreiber. 1887 kam er nach Leipzig ins Missionsseminar und erhielt unter anderem eine zusätzliche Bäckerausbildung. Fast 30 Jahre wirkte er in Ostafrika. Nach seiner Rückkehr 1933 wurde er Pfarrer in Penig und Königsfeld in Sachsen. Als Mitglied des Missionskollegiums prägte er weiterhin die Arbeit der Leipziger Mission. Er starb 1940 in Nadelwitz bei Bautzen.

1893 in Machame angekommen, blieb er fast 27 Jahre auf dieser Station. Wichtige Stütze war ab Ende 1895 seine Frau Elisabeth, geborene Hoffmann, mit der er sechs Kinder hatte. 1920 musste die Familie auf Anordnung der neuen englischen Besatzungsmacht die Gemeinde verlassen und nach Deutschland zurückkehren. Von 1931 bis 1933 übernahm er erneut die Arbeit in Machame, um den Aufbau der Hirtenschule, einer Ausbildungsstätte für einheimische Pfarrer, zu unterstützen.

Portraitalbum, Historisches Bildarchiv des Evangelisch-Lutherischen Missionswerkes Leipzig e. V.

Traugott Paesler

Denn siehe da! In weiter, weiter Ferne ragt in majestätischer Höhe aus den Wolken heraus und fast mit ihnen zusammenschmelzend das schneebedeckte Haupt des Kibo, der höchsten Spitze des Kilimandscharo!

Traugott Paesler in seinem Reisetagebuch

Traugott Paesler wurde 1850 in Dittersbach bei Waldenburg (heute Wałbrzych, Polen) in Schlesien geboren. 1866, mit 16 Jahren, trat er in das Leipziger Missionsseminar ein. Fünf Jahre später konnte er mit dem Theologiestudium beginnen.
1875 wurde er nach Südindien abgeordnet, wo er zunächst die Landessprache Tamil erlernte. Später leitete er die Missionsstationen in Pudukotah (heute Pudukkottai) und Tanjore (heute Thanjavur).
Im März 1893 wurde er nach Deutschland zurückgerufen, um die Führung der Missionsexpedition nach Ostafrika zu übernehmen und den Aufbau der ersten Stationen am Kilimanjaro zu begleiten. Er wurde dabei von seinem indischen Koch Jesudasen begleitet.
Wenige Jahre nach seiner Rückkehr nach Indien starb Paesler 1898 in Madras im Alter von 48 Jahren an einer Infektion.

Tamilische Christen helfen beim Aufbau der ersten Missionsstationen

Auf der zweiten Leipziger Missionsstation in Mamba errichteten die tamilischen Maurer 1894/95 als erstes ein steinernes Wohnhaus für Missionar Gerhard Althaus sowie ein steinernes Hühnerhaus. Danach zogen sie weiter nach Machame. Die Namen der hier in ihrer Sonntagskleidung abgebildeten Männer sind nicht überliefert.

Sammlung Emil Müller, Privateigentum Andreas Kecke, Bild-Nr. 014 0001

Geburtshilfe aus Indien

Damals wurde erst das Krippelein bereitet, darein das von Gott erbetene christliche Gemeinwesen am Kilimanjaro gebettet werden sollte. Und an dieses Krippelein hat sich auch die Tamilenkirche gekniet und hat es zubereiten helfen.

Bruno Gutmann, Unter dem Trutzbaum, 1938

Den Aufbau der Ostafrika-Mission wollte die Leipziger Mission in die Hände eines erfahrenen Missionars legen. Und so wurde Traugott Paesler aus Indien zurückgerufen und mit der Leitung der Expedition beauftragt. Er war zu diesem Zeitpunkt 43 Jahre alt und bereits seit fast 20 Jahren im Dienst für die Leipziger Mission tätig.

Behutsam näherte er sich den afrikanischen Einheimischen. Beim ersten Treffen mit dem *Mangi* von Maruma am 3. Oktober 1893 sagte er: „Wir sind Lehrer. Wir wollen eure Sprache erlernen und euch dann unterrichten. Eure Freunde sind wir."[1]

Paesler vertraute ebenfalls auf seine bewährten Mitarbeiter. Mit ihm kam sein tamilischer Koch Jesudasen, der sich in allen praktischen Fragen auskannte und bewährte.

Acht weitere Tamilen aus der Gemeinde Jerkad (heute: Yercaud) in den Scherwarai-Bergen, drei Brüder mit ihren Frauen sowie ein Neffe der Brüder und ihr Katechet Zacharias halfen ab Juli 1894 beim Anlegen der Station Mamba.

Bereits nach drei Monaten starb eine der Frauen: Marial. Sie wurde am 6. Oktober 1894 als erste Christin in Ashira beerdigt. „Die kleine Tamilenschar machte", schreibt Gerhard Althaus, „einen sehr niedergeschlagenen Eindruck, wie ein Häuflein Verbannter im fernen wilden Lande."

Die drei Brüder waren Maurer. Sie errichteten feste, mit Lehm und Kuhdung verputzte Steinhäuser auch auf den Stationen in Machame und Moshi. Die Gruppe blieb bis Ende Juni 1897 und kehrte dann nach Indien zurück.

Paesler sah seinen Auftrag nach der Gründung der ersten zwei Stationen als erfüllt an und erhielt die Erlaubnis, im November 1894 gemeinsam mit Jesudasen über Deutschland nach Indien zurückzukehren.

1 Althaus, Gerhard: Mamba – Anfang in Afrika, Erlangen, 1993, 10

Missionsstation Madschame

Sammlung Emil Müller, Privateigentum Andreas Kecke, Bild-Nr. 021 0002

Ein „tamilisches Gemeindlein“ in Afrika

„Es war ein schönes Zusammentreffen, daß bei der Begründung der Dschaggamission ihre ältere Schwester, die Tamilenmission, hilfreiche Handreichung leisten konnte. Ein erfahrener Tamilenmissionar, Br. Paesler – das sei ihm nie vergessen – war der Führer der ersten Expedition. [...] Unsere Tamilenchristen blieben auch nicht dahinten: der tamilische Koch Jesudasen begleitete seinen Missionar auf der gefahrvollen Reise, und drei tamilische Maurer und ein Gehilfe aus unserer Gemeinde Jerkad gebürtig, haben, geleitet von ihrem Katecheten Zacharias, unsere Missionare kräftig unterstützt in der Anlegung von drei Stationen auf dem Kilimandscharo. Nach ihrer Ankunft in Mamba am 21. Juni 1894 haben sie sich dort sofort an die Arbeit gemacht und drei steinerne Missionshäuser auf unseren drei Bergstationen Mamba, Madschame und Moschi errichtet und zum Bau einiger kleineren Gebäude mitgeholfen. Es ist ihnen diese Arbeit nicht leicht geworden, besonders im Anfang, da sie mit Krankheit zu kämpfen hatten, und sie haben manchmal in ihren Briefen, auch an den Schreiber, dieses bitter geklagt. [...] Aber doch haben sie drei Jahre ausgehalten, durch ihre tamilischen Gottesdienste und kirchlichen Sitten den dortigen Heiden gegenüber auch mit ein Zeugnis abgelegt und durch ihrer Hände Arbeit unsere Mission auf jenem Hochgebirge mit begründen helfen. “

Missionssenior Richard Handmann, Evangelisch-Lutherisches Missinsblatt 1897, 352

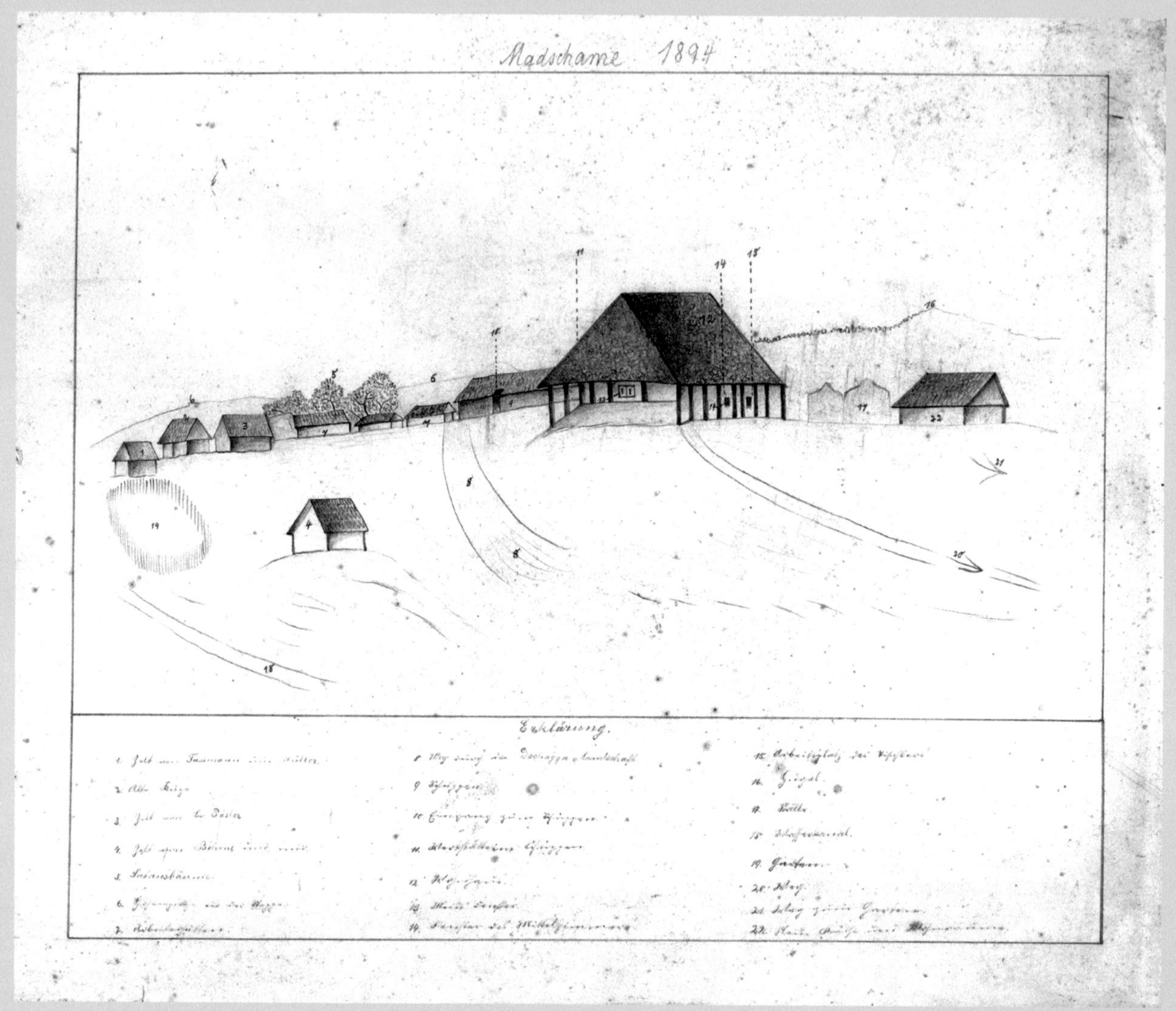

Zeichnung der Missionsstation Madschame mit Erklärung der Gebäude, 1894, vermutlich von Gerhard Althaus

Nachlass Missionar Gerhard Althaus, Privateigentum Dorothea Althaus-Pultke

Die Missionsstation Madschame und ihr Leiter Emil Müller

Als wir 1893 am 5. Oktober uns hier niederließen, war das Grundstück klein und sehr kahl. Es ist mir aber immer lieb gewesen zu wissen, dass kein Eingeborener vor uns hat weichen müssen, dass wir nicht auf fremden Acker unsere Zelte haben zu setzen brauchen.

Missionar Emil Müller, Die Ährenleserin, 1908

Am 5. Oktober 1893 ließen sich die fünf Missionare und Paeslers tamilischer Koch Jesudasen im Gebiet Machame, genauer in Nkarungo, nieder. Emil Müller übernahm die Leitung der Station. Mit Hilfe der Einwohner Machames konnten die ersten provisorischen Gebäude errichtet werden. Bereits 1894 entstand eine Schule, die 1897 durch ein Schulhaus ersetzt wurde. Ab 1905 begannen einheimische, „seminaristisch gebildete" Lehrer den Unterricht mitzugestalten.

Zudem wurde Machame zum Zentrum der ärztlichen Mission am Kilimanjaro. So vergrößerte sich die Missionsstation über die Jahre und auch die Zahl der Gemeindemitglieder nahm stetig zu. Die ersten Taufen fanden 1898 statt. 1913 leben 597 Christinnen und Christen in Machame.

Nach dem Ersten Weltkrieg (1922) wurde die Station an die schwedisch-amerikanische Augustana-Synode übergeben. 1925 ging sie mit 1.427 Gemeindemitgliedern und 680 Taufbewerberinnen und Taufbewerbern wieder vollständig an die Leipziger Mission zurück.

Als 1934 Solomon Nkya und Timoteo Muschi aus Machame ordiniert wurden, gab es bereits 6.200 Gemeindemitglieder und weitere 655 Frauen und Männer, die sich auf die Taufe vorbereiteten. Eine gefestigte Kirchgemeinde hatte sich etabliert.

Kontaktaufnahme

Die „Herberge" der Missionare bestand zunächst aus mitgebrachten Zelten. Einheimische suchen den Kontakt und blicken neugierig in das Zelt.

Sammlung Emil Müller, Privateigentum Andreas Kecke, Bild-Nr. 009 0017

Fahrt mit Trolleys nach Voi (Uganda Railway)

Später wurden immer wieder Erkundungsreisen mit Zelt durchgeführt. Im Vordergrund des Bildes sind mehrere mit Truhen beladene Karren zu sehen. Auf dem Boden liegt die Reiseausrüstung. Im Hintergrund stehen zwei Zelte.

Sammlung Emil Müller, Privateigentum Andreas Kecke, Bild-Nr. 010 0012

Ohne eine gute Beziehung zu den lokalen Oberhäuptern wäre die Arbeit für die Missionare doppelt so schwer, wenn nicht gar unmöglich gewesen. Diese Autoritäten – früher auch Fürsten oder Häuptlinge, heute meist in der Swahili-Bezeichnung *Mangi* genannt – der Wachagga besaßen eine große Machtfülle, auch wenn die äußere Prachtentfaltung eher bescheiden war. So berichtet Missionsinspektor Martin Weishaupt:

> „In der äußeren Lebenshaltung unterscheidet sich der Fürst kaum von seinem Volke, aber an Ansehen und Macht steht er hoch über seinen Untertanen. Er ist der oberste Priester und Richter zugleich. Das ganze Land, alle Leute und ihr Besitz sind eigentlich nur sein persönliches Eigentum, über das er verfügen kann. Unbedingter Gehorsam gegen den Häuptling ist eine selbstverständliche Pflicht für jedermann. Und wenn auch die Herrschaft der Häuptlinge oft roh, grausam und willkürlich war, so hängt doch das Volk an dieser Einrichtung so, daß es im Sprichwort sagt: ‚Sollten wir des Häuptlings entbehren, so wollten wir lieber auf das Trinkwasser verzichten.'"[24]

In Machame wurden die Missionare von *Mangi* Shangali freundlich empfangen. Gerhard Althaus berichtete über die Ankunft in Machame:

> „Zwei Tage später zogen wir auf ein besseres Grundstück in der Nähe des Gehöftes von Häuptling Shangali, in Ober-Madschame, wo wir den Hauptmann und den Häuptling trafen und uns herzlich begrüßten. Shangali machte uns Bananen und eine Ziege zum Geschenk. Aus einer Blechtasse tranken wir Wein. Der Häuptling war bereit, mit seinen Leuten unser restliches Gepäck aus Moshi zu holen. Wir versprachen pro Last eine Belohnung von 10 Armlängen Stoff. Er sicherte uns zu, uns durch seine Untertanen mit Baumaterial und Essen zu versorgen. Wir verhandelten über das Grundstück, das unser Eigen werden sollte, Nkuarungo hieß es. Der Kaufvertrag wurde einen Monat später unterzeichnet."[25]

Shangali nahm später regelmäßig am Gottesdienst teil. In vier Jahren fehlte er höchstens zehn Mal.[26] Allerdings heiratete er 1897 eine zweite Frau, „was für seinen zeitweise erhofften Übertritt zum Hemmnis werden mußte."[27] Er hatte darüber hinaus zehn Nebenfrauen mit je eigenem Hof. „Falls ihm keine von ihnen mehr paßt, hat er als Fürst des Landes natürlich das Recht, sich jedwede zur Frau zu nehmen."[28] In dieser Sache hatten die Missionare aufgrund der Weisung Jesu ein anderes Eheverständnis.

Die ersten Kostschüler

Im Februar 1894 brachten Jungen des von Wachagga bewohnten Ortes Machame einen elternlosen und beinahe verhungerten Maasai-Jungen mit dem Namen Kilya zu den Missionaren, vermutlich um zu testen, wie es ihm bei den weißen Männern ergehen würde.

Die Missionare entschieden, den Jungen aufzunehmen und pflegten ihn gesund. Kilya wurde der erste „Kostschüler". Er erhielt Unterricht, Kost und Logis, war sozusagen ein Internatsschüler.

Die Einheimischen beobachteten sehr genau, was mit Kilya geschah. Nachdem klar war, dass dem Jun-

24 Martin Weishaupt: Gottes Spuren im afrikanischen Bergland, Leipzig 1918, 11

25 Althaus: Mamba – Anfang in Afrika, 11

26 a.a.O., 54

27 Fleisch: Hundert Jahre lutherischer Mission, 269

28 Evangelisch-Lutherisches Missionsblatt, 1898, 274

„Häuptling Nkulelo (links) und Shangali (rechts) mit ihren Ältesten in Madschame"

Kolorierte Postkarte aus dem Verlag der Leipziger Mission, Serie Afrika I, Bild Nr. 7, ohne Jahr

„Markttag in Moschi am Kilimandscharo"

Der Handel auf dem Markt war bei den Chagga eine Angelegenheit der Frauen. Emil Müller versuchte sich zunächst hier Gehör zu verschaffen. Es gelang ihm nur mit Hilfe Nuyas, der Mutter Shangalis.

Kolorierte Postkarte aus dem Verlag der Leipziger Mission, Serie Afrika II, Bild Nr. 7, ohne Jahr

gen nichts Schlimmes passierte – er im Gegenteil gut versorgt und unterrichtet wurde, kamen bis September 1894 drei Wamachame-Jungen hinzu.[29] 1897 waren es bereits 15 Kostschüler.[30]

1897 hatte sich das Verhältnis zu Shangali so gut entwickelt, das er selbst zum Unterricht der Missionare kam. Er ließ sich einen neuen Weg zur Missionsstation bauen, damit er bei ihnen „viel schreiben" könne.[31] Er brachte auch Personen seiner Umgebung mit. Um seinen ersten Eifer zu nutzen, unterrichtete Missionar Müller Shangali täglich.

Das 1897 erbaute Schulhaus war schon 1899 derart von den weißen Ameisen zerfressen, dass es abgerissen werden musste. Als Emil Müller dies Shangali schilderte, ließ dieser sofort

> „das Signal für den Urwald ertönen, und am Tage darauf gingen eine Masse Leute hinauf, um die von mir gewünschten termitensicheren Baumsparren zu fällen und herzuschleppen".32

Unterricht für Frauen

Damit auch die Frauen dem Unterricht folgen konnten, fand dieser in den ersten Jahren in einem offenen Schuppen statt. Die Frauen saßen in einer eigenen Hütte nebenan:

> „Denn damals getraute sich in Madschame – ganz im Gegensatz zu den östlichen Landschaften – kein weibliches Wesen in die Versammlung von Männern, und die Missionare wagten noch nicht, gegen diese Landessitte anzugehen."[33]

1899 nahmen die Missionare die ersten Mädchen in die Kostschule auf. Die Schülerinnen hatten die Anregung dazu bei den Predigten auf dem Marktplatz in Kalali empfangen. Nuya, Shangalis Mutter, hatte Missionar Müller dort bei etwa 200 Frauen Gehör verschafft: „Nur Nuya vermochte es, ihre Frauen im Zaum zu halten und in dem lauten Feilschen und Handeln Ruhe zu gebieten und eine Zeitlang die Ruhe aufrecht zu erhalten."[34]

Dicht neben dem Gehöft Nuyas in Kalali wurde eine Schule für Jungen und Mädchen eingerichtet. Es erschienen bis zu 60 Schülerinnen und Schüler.[35] 1930 taufte der „alte Pionier Müller" die neunzigjährige Nuya auf den Namen Naemi.[36]

Die ersten Taufen

1898 besuchten bis zu 70 Personen den Gottesdienst.[37] Im März meldeten sich die beiden Kostschüler Ukyo und Nsami zur Taufe an.[38] Nicht ohne Einfluss war sicherlich, dass sich Samueli Mambuku in Machame aufhielt, der

29 Emil Müller, Tagebuch Missionsstation Madschame, Dezember 1896; ALMW II.32.125 zitiert nach Altena: Ein Häuflein Christen mitten in der Heidenwelt des dunklen Erdteils: Zum Selbst- und Fremdverständnis protestantischer Missionare im kolonialen Afrika 1884-1918, 341

30 Adolphi/Schanz: Am Fuße der Bergriesen Ostafrikas, 54

31 Evangelisch-Lutherisches Missionsblatt, Leipzig 1898, 380

32 a.a.O., 505

33 Adolphi/Schanz: Am Fuße der Bergriesen Ostafrikas, 55

34 ebd.

35 ebd.

36 Fleisch: Hundert Jahre lutherischer Mission, 415

37 Evangelisch-Lutherisches Missionsblatt, Leipzig 1898, 275

38 ebd.

„Afrikanische Missionsschüler von der Bananenernte heimkehrend“

Kolorierte Postkarte aus dem Verlag der Leipziger Mission, Serie Afrika II, Bild Nr. 6, ohne Jahr

„Rast der Holzfäller unserer Missionsstation Madschame im Urwald“

Kolorierte Postkarte aus dem Verlag der Leipziger Mission, Serie Afrika I, Bild Nr. 5, ohne Jahr

mit drei anderen am 30. Januar 1898 in Moshi von den Leipziger Missionaren getauft worden war.[39]

Mit der Anmeldung begann der Taufunterricht, der mehrere Monate dauerte. In dieser Zeit wurden die Taufkandidaten Katechumenen genannt, nach dem kirchenlateinischen Begriff *catechumenus* – jemand, der in der christlichen Religion unterrichtet wird. Da die beiden Anwärter als Kostschüler schon jahrelang am Unterricht teilgenommen hatten, konnte der Vorbereitungsunterricht in verhältnismäßig kurzer Zeit abgeschlossen werden.[40]

Am 27. November 1898 wurden sie getauft. In diesem Gottesdienst fanden sich überraschenderweise auch vier Frauen und ein Mädchen im Versammlungshaus ein – „damals in Madschame etwas ganz Unerhörtes".[41] Die erste in Machame getaufte Frau erhielt bei der Taufe im Dezember 1900 den Namen Elisabeti. Sie war später die Braut in der ersten christlichen Eheschließung.[42]

In Schira, einer von Machame aus gegründeten neuen Gemeinde, wurde am zweiten Ostertag 1910 „zum ersten Mal ein regierender Häuptling", der junge *Mangi* Sakwera, auf den Namen Jakobo getauft.[43] Im Jahresbericht der Leipziger Mission konnte mit großer Freude geschrieben werden:

> „Es geht vorwärts, fast überall kommen die Heiden in Scharen, ohne daß wir, wie früher, befürchten müssen, daß sie etwa politischen Schutz in Kriegszeiten, Rechtsschutz bei Prozessen oder lohnende und sichere Beschäftigung auf den Missionsstationen begehren und suchen."[44]

Hochzeit auf Sansibar

Ende 1898 waren Emil Müller und Gerhard Althaus im zehntägigen Eilmarsch an die Küste gekommen, um ihre Verlobten in Empfang zu nehmen. In Sansibar fanden die beiden staatlichen Trauungen statt. Es schloss sich die kirchliche Trauung im „jüdischen Hotel" an. Dabei traute erst der eine Missionar das andere Paar und danach umgekehrt. Der Sultan von Sansibar stellte eine Staatskarosse für eine Inselrundfahrt zur Verfügung.

Danach ging es zu Fuß zur Missionsstation. Die mitgebrachten vielen Güter für die Missionsstation wurden auf die 170 Träger verteilt.[45] Über ihre Ankunft schrieb Elisabeth Müller in ihren Erinnerungen:

> „Viele, viele Eingeborene und der Häuptling Schangali mit Gefolge waren zum Empfang der weißen Frau erschienen, und der Kibo leuchtete in seinem blendenden, blitzenden Eismantel."[46]

Im Evangelisch-Lutherischen Missionsblatt gab Elisabeth Müller Einblick in ihren Alltag. Unter anderem schrieb sie:

> „Mit stillem Bedauern denkt vielleicht manche der verehrten Hausfrauen daheim an unseren vermutlich nur mit afrikanischen Speisen besetzten Tisch. Es ist solches

39 a.a.O., 273
40 Adolphi/Schanz: Am Fuße der Bergriesen Ostafrikas, 44
41 a.a.O., 55
42 a.a.O., 59
43 a.a.O., 137
44 ebd.
45 Dabei gelangten die Nagelpakete in den Wäschekoffer von Elisabeth Müller.
46 „Reise vom 12.11.1895 nach dem Kilimandscharo (Deutsch-Ostafrika) bis zur Ausweisung 1920 durch die Engländer", Bericht von Elisabeth Müller, 3

„Missionar Müller fotografiert seine Bediensteten"

Historisches Bildarchiv des Evangelisch-Lutherischen Missionswerkes Leipzig e.V., Album 1, Bild-Nr. 1422

Rückreise nach Deutschland 1920

Nach dem Ende des Ersten Weltkrieges und der Übernahme von Deutsch-Ostafrika durch England als neue Kolonialmacht mussten die deutschen Missionarsfamilien das Land verlassen. Die Familien Faßmann (links), Müller und Althaus traten mit dem Schiff die Heimreise an. Das Bild stammt vermutlich von Emil Müller, da er auf dem Bild fehlt.

Sammlung Emil Müller, Privateigentum Andreas Kecke, Bild-Nr. 009 0009

Mitleid aber wirklich nicht nötig ... Freilich schmeckt das Mehl oft bitter und ist der darin wimmelnden Käfer und Würmer halber ungesiebt gar nicht zu gebrauchen. Trotzdem giebt es aber fast alle Sonn- und Festtage irgend einen Kuchen, der mir jetzt in der schönen neuen Backröhre wenig Mühe macht."[47]

Die Arbeit in der Mission verlangte dem Ehepaar Müller einen hohen Preis im Blick auf die sechs eigenen Kinder ab. Ab 1913 waren alle in Deutschland.[48]

Hinzu kamen finanzielle Schwierigkeiten: Sohn Walter sollte zur Aufnahme in dem Erziehungsinstitut der Herrnhuter zu Kleinwelka bei Bautzen angemeldet werden. Doch es fehlte das Geld für die Kosten von 700 bis 800 Mark im Jahr.[49]

Die Ausweisung Müllers

Als Folge des Versailler Vertrages wurde Familie Müller 1920 durch die neue Kolonialmacht England ausgewiesen. Der Missionar feierte ein letztes Mal das Heilige Abendmahl mit seiner Gemeinde und übergab die Gemeindeleitung dem einheimischen Salomon Nkja. Er hatte allein 63 Taufbewerbern Unterweisung zu geben. Emil Müller schreibt:

> „Eine Gemeinde, die so von Gottes Wort und Gebet sich nährt, kann ruhig einmal etwas sich selbst überlassen bleiben. Sie wird hier und da irren, vielleicht auch etwas kleiner – dafür aber auch noch reiner! – werden, doch untergehen kann sie nicht. Beleidigen wir unseren Gott nicht durch kurzsichtigen Kleinglauben; es gilt noch immer Jes. 54,7.8. Der alte Gott ist mit den Seinen auch im neuen Jahr."[50]

Die Zuversicht Emil Müllers sollte sich als richtig erweisen. Allein in den Vakanzjahren 1923 bis 1925 wurden 325 Menschen getauft. Am 6. Januar 1926 folgten 250 weitere. Auch alte Leute waren darunter. 1924 wurde auch der junge *Mangi*, Heri Abdieli, der zweite Sohn Shangalis, Christ.

1924 wurden fünf weibliche Hilfsälteste gewählt.[51] In welcher Gemeinde in Deutschland gab es zu diesem Zeitpunkt Frauen, die dieses geistliche Amt inne hatten!

Das vielleicht deutlichste Zeichen des hoffnungsvollen Erstarkens war, „daß die Gemeinde 1925 begann, rein von sich aus, ohne europäische Männer, die lange geplante Kirche, einfach, aber groß zu errichten, wobei alle Arbeit freiwillig und umsonst geleistet wurde."[52]

Die Rückkehr

1931 erklärte sich Müller – inzwischen Gemeindepfarrer im sächsischen Königsfeld – bereit, im „vorgerückten" Alter noch einmal die Gemeinde von Machame zu übernehmen. Damit ermöglichte er Missionar Johannes Raum, die erste Schule für einheimische Theologen – „Hirtenschule" genannt – aufzubauen.

> „Bei seiner Ankunft in Madschame wurde er von den Eingeborenen, Christen wie Heiden, mit großem Jubel aufgenommen. Bei dem Festgottesdienst zu seiner Begrüßung waren etwa 5.000 Menschen versammelt.

47 Evangelisch-Lutherisches Missionsblatt, Leipzig 1898, 383

48 Bericht von Elisabeth Müller, 5

49 Schreiben von Elisabeth Müller „An das Hochwürdige Missionskollegium zu Leipzig" vom 31.10.1910, 1; Archiv der Franckeschen Stiftungen zu Halle, ALMW II.32. 389. 1. Teil

50 Die Ährenleserin, Nr. 1, Leipzig 1921, 3

51 Fleisch: Hundert Jahre lutherischer Mission, 362

52 ebd.

Die Familien Raum und Müller mit einheimischen Kindern und Jugendlichen in Festtagskleidung

Sammlung Emil Müller, Privateigentum
Andreas Kecke, Bild-Nr. 025 0001

„Missionars- und afrikanische Kinder an einem Fluss"

Schwarz und weiß gemeinsam. Die Aufnahme dürfte um 1910 entstanden sein. In den USA werden solche Bilder 55 Jahre später als großer Schritt der Menschheit gefeiert. Das Bild zeigt Kinder der Missionarsfamilie Müller in Machame bei einem gemeinsamen Ausflug mit afrikanischen Mädchen. Die älteste Tochter Hanna wurde 1896, Martha 1898, Walter 1901, Karl-Christian 1903, Martin 1905 geboren. Der 1899 geborene Sohn Gerhard befand sich seit 1905 in Deutschland.

Sammlung Emil Müller, Privateigentum
Andreas Kecke, Bild-Nr. 006 0009

> Die große, von dem Eingeborenen Efraim Schuma erbaute Steinkirche konnte die Menge nicht fassen."[53]

Sie war „nur" für 3.000 Leute gebaut und so groß, dass in der Mitte des Kirchenschiffes ein Mann die vorn gehaltene Predigt für die hinteren Reihen weiterleitete. Die vorgefundene Situation beschrieb er so:

> „Der Afrikaner von heute empfindet keine Hochachtung mehr vor dem Europäer, aber er empfindet Dank und Ehrerbietung gegenüber dem Missionar, weil er in ihm den Boten des Evangeliums sieht."[54]

Auch nach seiner Rückkehr nach Afrika versuchte Müller sich mit Eingaben, nun bei den englischen Machthabern, für die Einheimischen einzusetzen. So konnte er zusammen mit Missionar Raum ein Memorandum über die Rechtsanschauungen der Wachagga bei einer Rechtskommission der englischen Regierung einreichen.[55]

53 Evangelisch-Lutherisches Missionsblatt, Leipzig 1940, 81

54 ebd.

55 Fleisch: Hundert Jahre lutherischer Mission, 422

1. Sonnabend. Die Güte des Herrn ist alle Morgen neu!

Früh nach dem Kaffeetrinken und der sich daranschließenden kurzen Morgenandacht hält Br. Faßmann im Arbeitsschuppen mit den auf der Missionsstation wohnenden, in Kost und Arbeit stehenden 4 Knaben und zwar 3 Madschamejungen – Mambecku, Mlengo und Msami – sowie 1 Masaibürschchen namens Kilya 1-2stündigen Unterricht in Kidschagga ab. Dieser Unterricht erstreckt sich auf Bibl. Geschichte, Lesen, Rechen, und Singübungen, unter Umständen auch Besprechung irgend eines Gegenstandes. Nach Beendigung der Unterweisung arbeiten wir beiden Missionare in der Regel mit den Kostschülern im Garten, Feld oder Baumanpflanzung. Mittags von 12-2 Uhr etwa findet eine Ruhepause statt, nach der die Arbeit wieder aufgenommen wird bis gegen Abend. Um 5 oder ½6 Uhr ist Schluß des Tagewerkes. Abwechselnd hat je einer der Jungen die zur Station gehörige Viehherde zu weiden. – Br. Müller war heute im Garten thätig, während Br. Faßmann junge Bananenstämme einsetzte. –

5 allerliebste Küchlein sind ausgekrochen.

„5 allerliebste Kücklein sind ausgekrochen."

„Die Güte des Herrn ist alle Morgen neu!
Früh nach dem Kaffeetrinken und der sich daranschließenden kurzen Morgenandacht hält Brd. Faßmann im Arbeitsschuppen mit den auf der Missionsstation wohnenden, in Kost und Arbeit stehenden 4 Knaben und zwar 3 Madschamejungen Mambuku, Mlengo und Msami – sowie 1 Masaiburschen namens Kilya 1-2stündigen Unterricht in Kidschagga ab. Dieser Unterricht erstreckt sich auf Biblische Geschichte, Lesen, Rechen- und Singübungen, unter Umständen auch Besprechung irgend eines Gegenstandes. Nach Beendigung der Unterweisung arbeiten wir beiden Missionare in der Regel mit den Kostschülern in Garten, Feld oder Bananenpflanzung. Mittags von 12-2 Uhr etwa findet eine Ruhepause statt, nach der die Arbeit wieder aufgenommen wird bis gegen Abend. Um 5 oder ½ 6 Uhr ist Schluß des Tagewerkes. Abwechselnd hat ja einer der Jungen die zur Station gehörige Viehherde zu weiden _
Br. Müller war heute im Garten thätig, während Br. Faßmann junge Bananenstämme einsetzte. – 5 allerliebste Kücklein sind ausgekrochen."

Tagebuch der Missionsstation Madschame, 1. Seite, 1. Sonnabend, 1. September 1893

Steinkirche in Mamba

Die Zahl der Gottesdienstbesucher in Mamba wächst und wächst. Die kleine Kirche kann sie kaum fassen. Um 1900 kommen durchschnittlich 200 Menschen, sodass häufig zwei Gottesdienste nacheinander stattfinden. 1904 beginnt der Bau einer großen, weithin sichtbaren Steinkirche, die bald nach ihrer Einweihung 1911 „Stern der Steppe"genannt wird. Sie steht heute noch unverändert und wird von der Gemeinde genutzt.

Sammlung Emil Müller, Privateigentum Andreas Kecke, Bild-Nr. 004 0036

Die Missionsstation Mamba und ihr Leiter Gerhard Althaus

Die Missionsarbeit auf unserer Station geht rüstig vorwärts. Fast täglich versammeln sich, unsere Kostschüler mit eingerechnet, 50 Knaben und Mädchen in der Schule. Der Unterricht an dieser schwarzen Schuljugend ist meist eine Freude, denn nur wenigen fällt es schwer, das Dargebotene zu fassen.

Gerhard Althaus, zitiert nach Hofstätter, 1902, 75

Fast ein dreiviertel Jahr verbrachten die Missionare in Machame. „Unsere Arbeit musste sich ausdehnen, wenn sie sinnvoll sein sollte.", schreibt Gerhard Althaus in seinen Lebenserinnerungen. So brachen er, Robert Faßmann und Traugott Paesler am 19. Juni 1894 nach Osten auf, um einen geeigneten Platz für eine weitere Station zu suchen. Sie fanden ihn eine Woche später in Mamba, genauer gesagt in Ashira.

Unter Althaus entstand bald die stärkste und lebendigste Gemeinde am Kilimanjaro. Er dehnte die Missionsarbeit nach Mwika und Marangu aus. Einer seiner ersten Täuflinge war Ruben Moshi, der Vater des ersten tansanischen Bischofs Stefano Moshi.

1913 zählte Mamba bereits 847 Gemeindemitglieder und durchschnittlich 844 Schulbesucher. Während des Ersten Weltkrieges wurde die Station von den Briten zeitweilig als Hospital genutzt. Im August 1930 versammelte sich in Mamba der erste Kirchentag. Vier Jahre später wurde der erste einheimische Pastor, Benyamin Moshi, ordiniert. Zu diesem Zeitpunkt war die Kirchgemeinde bereits auf 4.373 Mitglieder angewachsen.

Häuptlings Mareales Palast in Marangu

Mangi Mareale lebte in einem zweistöckigen Steinhaus mit einem umlaufenden Balkon, der auf Steinsäulen ruhte.

Historisches Bildarchiv des Evangelisch-Lutherischen Missionswerkes Leipzig e.V., Album 11, Bild-Nr. 287

Blick vom unteren nach dem oberen Missionshaus in Mamba

Historisches Bildarchiv des Evangelisch-Lutherischen Missionswerkes Leipzig e.V., Album 11, Bild-Nr. 237

Im Juni 1894, gut ein halbes Jahr nach der Ankunft in Machame, zogen Robert Faßmann und Traugott Paesler weiter, um am Osthang des Kilimanjaro eine weitere Missionsstation zu gründen. Auf dem Weg dorthin trafen sie eher zufällig auf die Gruppe tamilischer Christen und Christinnen, die von Paesler für den Hausbau um Mithilfe gebeten und eingeladen worden waren. Sie baten sie, gleich mit zum Aufbau der neuen Missionsstation zu kommen.[56]

Über die Niederlassung und den Erwerb eines Grundstücks hatte *Mangi* Mareale von Marangu zu entscheiden. Die Landschaft Marangu grenzt westlich an Mamba an. Er war ein „Freund der Deutschen“[57], hatte zum Beispiel das Eigentum der verlassenen Militärstation Marangu 1892 vor Plünderern gesichert.[58] Das erworbene Grundstück auf 1.561 Metern Höhe hatte eine beständige Wasserquelle, war aber voller Gestrüpp und wegzuräumender Steine.[59] Im Vergleich zu Mamba erschienen die Menschen in Machame den Missionaren als „Hinterwäldler“.[60]

Im Mai 1896 bat Mareale darum,

> „daß Althaus ihn unterrichten möge, da die katholischen Missionare von Kilema ihre früher ausgesprochene Absicht, in Marangu zu unterrichten, nicht ausführten und den Knaben, die er zu ihnen nach Kilema geschickt, zu wenig beibrächten.“[61]

56 Althaus: Mamba – Anfang in Afrika, 12

57 Emil Müller berichtet von einem Besuch bei Mareale, der den Gästen „einen gewaltig großen Elefantenzahn [zeigte], den er dem deutschen Kaiser über den Stationschef Johannes in Moschi schenken wollte.“ (Althaus: Mamba – Anfang in Afrika, 14f)

58 Adolphi/Schanz: Am Fuße der Bergriesen Ostafrikas, 61

59 a.a.O., 14f

60 a.a.O., 61

61 a.a.O., 269

Wie in Machame erlebte Missionar Althaus, dass mit dem lokalen Oberhaupt dessen Frauen zum Unterricht mitkamen und der *Mangi* einen extra Schulweg anlegte. Weitere Familienoberhäupter baten um Unterricht, sodass zeitweise drei *Mangi* mit Gefolge im Unterricht saßen.[62] Die Missionare vermuteten hinter dem Lerneifer die Absicht, durch die Lese- und Schreibkunst an Ansehen zu gewinnen.

Als im Dezember 1898 auch hier die ersten zwei Mädchen um Aufnahme in die Kostschule baten, stimmte Althaus eher widerwillig zu. Er meinte, dass die Mädchen eher von zu Hause aus zur Schule kommen sollten.[63]

1899 konnte konstatiert werden, dass „von allen ein engerer Anschluss an uns erstrebt“[64] wird. „Der Missionar steht mitten drin im Volk, er hat lebendige Fühlung mit ihm gewonnen, er ist der Mann des allgemeinen Vertrauens geworden.“[65]

1906 wird die Militärverwaltung in eine Zivilverwaltung umgewandelt. Gerhard Althaus schreibt dazu: „Wir empfanden es als wohltuend, daß das Militärische, Kriegerische hinter dem Wirtschaftlichen und Kulturellen zurücktrat.“[66] So ist er bereit, sich auch stärker im lokalpolitischen Leben zu engagieren. Er ließ sich zum Mitglied des Bezirksrates berufen, um „in besonderer Weise die Interessen der Eingeborenen wahrzunehmen.“[67] Alle Bemühungen auf den unterschiedlichen Ebenen bleiben nicht ohne Früchte. Wie zum Beispiel allerlei wirtschaftlichen Verbesserungen im Bezirk.

62 a.a.O., 62

63 a.a.O., 63

64 a.a.O., 65

65 ebd.

66 Althaus: Mamba – Anfang in Afrika, 104

67 ebd.

Alte Kirche in Kidia

Die Kirche in Kidia ist die älteste Steinkirche der Lutherischen Mission am Kilimanjaro und eines der ältesten in der Region erhaltenen Bauwerke. Am 14. Juli 1900 wird dazu der Grundstein gelegt. Kurt Fickert aus Groitzsch (bei Leipzig), der als Missionshandwerker nach Moshi entsandt wurde, erledigte die Planung und leitete den Bau. Am 30. Juni 1901 – nach einem Jahr Bauzeit – wurde die neue Steinkapelle geweiht. Kirchengebäude und Außenanlagen sind bis heute in wesentlichen Teilen im bauzeitlichen Zustand erhalten geblieben und wurden 2011/12 auf Antrag des Leipziger Missionswerkes mit Mitteln des Auswärtigen Amtes sowie Spendengeldern saniert.

Kolorierte Postkarte, Verlag der Evangelisch-lutherischen Mission zu Leipzig, 1904. Serie Afrika, Bild Nr. 1

Die dritte Missionsstation Moschi und ihr Leiter Robert Faßmann

Wir dürfen ein schönes und ungestörtes Christfest [1900] feiern. ... Leider erwies sich unser Lehmkirchlein zu klein, die Menge der Festgäste zu fassen, so daß mancher wieder nach Hause umkehren und die, welche hineingekommen waren, so dicht aufeinander sitzen mußten, daß es bei ihnen nicht zu einer rechten Andacht kommen konnte.

„Nachrichten aus Moschi", Evangelisch-Lutherisches Missionsblatt, Jg. 1901, 247f

---

Am 11. Februar 1896 gründete Robert Faßmann gemeinsam mit Karl Segebrock und dem Missionsökonomen Martin von Lany die dritte Missionsstation: Moschi (heute Kidia).
Auch hier halfen die tamilischen und einheimische Handwerker, die ersten Gebäude zu errichten. Bereits 1897 entstand eine kleine Druckerei, in der Gesangbücher und andere Lehrmaterialien vervielfältigt wurden. 1901 wurde die erste Steinkirche fertiggestellt. Aufgrund des stetig wachsenden Schulbetriebs wurde 1902 ein Lehrerseminar eingerichtet.

15 Jahre nach der ersten Taufe im Januar 1898 zählte die Gemeinde 849 Mitglieder und 210 Taufbewerber. Nach der Ausweisung der Missionare 1920 versorgte Gemeindepfleger Filipo Njau die Gemeinde. 1921 kam A.C. Zeilinger von der Iowa-Synode hinzu. Die Zahl der Gemeindemitglieder stieg bis zur Rückgabe an die Leipziger Mission 1925 auf 2.135 an. 1934 wurde Pastor Imanueli Mkony in sein Amt eingeführt.
Ein weiterer bekannter und bedeutender Leipziger Missionar, der gut zwanzig Jahre auf dieser Station gewirkt hat, war Bruno Gutmann.

Die Missionsstation Moschi

Das Ensemble in Moshi (Kidia) ist ein Zeugnis für die Missionsgeschichte am Kilimanjaro: der Beginn durch anglikanische Missionare in der Nähe, die Gründung durch die Leipziger Mission 1896, ein erster steinerner Kirchenbau 1900/01, die notwendige Erweiterung rund 20 Jahre später, ein wiederum größerer Kirchenneubau Mitte des 20. Jahrhunderts, Schule, Gesundheitsstation, Missionarshaus, Druckerei, der kleine Kirchhof, ein Garten am Missionarshaus und eine alles verbindende Allee.

Historisches Bildarchiv des Evangelisch-Lutherischen Missionswerkes Leipzig e.V., Album 11, Bild-Nr. 327

Eine Missionsstation entsteht

„Am 11. Februar kam ich um die Mittagszeit hier in Moschi an. […] Bauholz hatte der Häuptling Meli noch nicht geliefert. […] Meli versprach alles Gewünschte, und es machte mir den Eindruck, als ob er ernstlich gewillt sei, sein Versprechen zu halten. […] Am nächsten Morgen schafften die Träger unsere Lasten nach dem wohl eine reichliche halbe Stunde von der Boma entfernten Hügel der Mission. […] Als aber die Zelte standen, versammelten wir uns in einem derselben, lasen bewegten Herzens einen Psalm und baten den Herrn um seinen Segen zu unserem Eingang und unserer Arbeit. […] Unser Platz ist nicht übel. Der Hügel ist freilich nicht groß, d.h. er bietet nicht viel ebene Fläche. Doch dürfte es in Moschi überhaupt recht schwierig sein, einen breiten Hügelrücken zu finden, der dazu noch den sonst zu stellenden Anforderungen wegen Wassers und dergl. entspricht. Durch Planierungsarbeiten lässt sich ja auch manches erreichen. Das Wasser fließt in einem Kanal dicht vorbei. […] Steine gibt's auf dem Platze sehr wenig, dagegen fehlt es in der Umgebung nicht daran. Wir werden also wie in Madschame genötigt sein, die Steine herbeischleppen zu lassen. Unsere Umgebung ist reichlich angebaut und bewohnt. Nördlich und westlich liegen sogar die Schamben an der Seite unseres Hügels. Da möchten wir wohl mit Meli ‚Schauri' (Beratung) *machen, dass unser Stationsgebiet etwas vergrößert werde, in der Weise, dass von der Mission gleich fertige Anpflanzungen übernommen werden."*

Aus einem Brief von Robert Faßmann, geschrieben in Moshi am 20. Februar 1896, veröffentlicht im Evangelisch-Lutherischen Missionsblatt, 1896, 160f

„Militär-Station Moschi"

Nachlass Missionar Gerhard Althaus, Privateigentum Dorothea Althaus-Pultke

„Melis Gehöft in Moschi"

„Meli im bloßen Arm, ohne Mütze. Im Hintergrund drei Missionsschüler. Links das kleine Gebäude ein Kornspeicher"

Nachlass Missionar Gerhard Althaus, Privateigentum Dorothea Althaus-Pultke

In Moshi (heute Kidia) gab es eine Militärstation. Ursprünglich war geplant, dass hier auch die erste Missionsstation entstehen sollte. Doch ein Jahr vor der Ankunft der Missionare hatte es ein Gefecht gegeben, bei dem unter Leitung von *Mangi* Meli die deutsche Schutztruppe eine herbe Niederlage erlitt. Dabei kamen Leutnant Freiherr Albrecht von Bülow und sein Stellvertreter ums Leben.[68]

Im August 1893 erfolgte dann der bereits erwähnte Gegenangriff und die Unterwerfung von *Mangi* Meli. Deshalb gingen die Missionare nach Machame. Dass Moshi nicht als zweiter Niederlassungsort gewählt, sondern erst 1896 – zwei Jahre nach Mamba – begründet wurde, erklärt Missionsdirektor Paul folgendermaßen:

> „In der ersten Zeit hat es doch die Bedeutung eines nützlichen Anschauungsunterrichts für die Eingebornen, wenn ihnen auch durch die getrennte Lage der beiderseitigen Niederlassungen deutlich gemacht wird, daß die Missionsstation und die Militärstation zwei verschiedenen Herren dienen."[69]

Wie schon in Machame halfen auch in Moshi tamilische und einheimische Handwerker, die ersten Gebäude zu errichten. Bereits 1897 traf eine Druckerpresse ein. Nach der Bewältigung verschiedener Schwierigkeiten konnten ab 1900 die ersten Druckerzeugnisse fertiggestellt werden. Markant: Die ersten Büchlein waren Fibeln in *Kimoshi*[70] und den Dialekten Machames und Mambas.[71] Desweiteren werden Gesangbücher in der jeweiligen Sprache gedruckt. Es folgen erste biblische Lesehefte.

1897 bat *Mangi* Meli, der so erfolgreich gegen die deutsche Schutztruppe gekämpft hatte, Missionar Robert Faßmann um Unterricht.[72] Auf dessen Grundstück entstand im März 1898 eine Kirche, die zugleich als Schule genutzt wurde.

In Moshi fand die erste Tauffeier der lutherischen Missionare statt. Vier junge Männer ließen sich am 30. Januar 1898 taufen. Bei der Taufe war auch Meli mit seinen Kriegern da und einige Frauen. Einer der ersten Getauften, der den Namen Johane erhielt, berichtete:

> „Unter ihnen gab es etliche Frauen, die heimlich weinten, ich sah es. Denn sie sagten, wir verderben, wir werden noch mehr verspottet werden. Und sie überlegten eifrig, wie wir uns vom Land getrennt hätten und wie wir dann später, wenn die Europäer wieder gegangen, sehr drangsaliert werden würden."[73]

Der gelungene Aufbau der drei Missionsstationen führte zu der Notwendigkeit, dass sich die Missionare zu gemeinsamen Absprachen trafen, den sogenannten Konferenzen. Diese fanden in der Regel zweimal jährlich in jeweils wechselnden Orten statt. Es gab viel zu regeln, zum Beispiel die Ordnung des Gottesdienstes, Fragen der Orthographie, Bitten und Informationen an die 68 Stationen und vieles mehr. Eine sehr wichtige war die Konferenz im Dezember 1903 in Moshi. Sie war einberufen worden durch den zur Visitation angereisten Missionsdirektor Karl von Schwartz. In seinem Bericht konnte er eine gesunde und kraftvolle

68 Kiesel, Klaus-Peter (Hg.): Kindheit und Bekehrung in Nord-Tanzania, Leipzig 2005, Band I, 11
69 Paul: Die Leipziger Mission daheim und draußen, 220
70 Die Vorsilbe Ki bezeichnet die Sprache des jeweiligen Gebietes.
71 Adolphi/Schanz: Am Fuße der Bergriesen Ostafrikas, 108
72 a.a.O., 73
73 a.a.O., 46

Missionarshaus in Schira

Taufklasse in Schira vor dem Missionarshaus

Sammlung Emil Müller, Privateigentum Andreas Kecke, Bild-Nr. 004 0030 auch Druckmusterbogen II e Nr. 381

Missionar Gutmann mit seinen Lehrern in Moshi

Historisches Bildarchiv des Evangelisch-Lutherischen Missionswerkes Leipzig e.V., Druckmusterbogen I e Nr. 570

Entwicklung des neuen Arbeitszweiges der Leipziger Mission konstatieren. Mit Schira (1899), Schigatini (1900) und Nkoaranga (1902) waren weitere Missionsstationen hinzugekommen.

In Moshi besuchten durchschnittlich 500 Personen den sonntäglichen Gottesdienst, in Mamba sogar 600. Allein in Machame gab es sechs Schulen. Die Saat des Evangeliums Jesu Christi keimte kräftig.

Aufgrund des stetig wachsenden Schulbetriebs wurde 1902 in Moshi ein Lehrerseminar eingerichtet.

Missionar Bruno Gutmann

Stellvertretend für das große Bemühen der Leipziger Missionare um den größtmöglichen Erhalt der vorfindlichen Kultur steht Bruno Gutmann[74]. Er war von 1910 bis 1920 und von 1926 bis 1938 in Moshi tätig. Von ihm sind 56 Veröffentlichungen bekannt. Er beschreibt darin ausführlich Sitten, Bräuche, Traumdeutung und Rechtsprechung der Wachagga, hielt Fabeln, Rätsel, Märchen, Sagen und Kinderspiele fest. Er weist seine Leserinnen und Leser auf die Ehrerbietung hin, die die Wachagga gegenüber ihren Haustieren und Nutzpflanzen erweisen. Er ist gewissermaßen der „Bruder Grimm" der Wachagga. Mehrere Bände beschäftigen sich mit den „Stammeslehren" dieses Volks. Gutmanns Bücher zeugen noch heute von seinem großen Engagement, um der westlichen Welt zu verdeutlichen, dass zum Beispiel, die Wechselbeziehungen im Familien- und Stammesverband ein hohes erhaltenswertes Gut sind. Dies betrifft beispielsweise die Unterstützungssysteme für notleidende Personen. Ein bezeichnender Aufsatz sei zur Verdeutlichung erwähnt: „Die Bindekräfte im Banturecht und ihre Bedeutung für den Erhalt afrikanischen Volkstums".[75]

74 Wie hoch auch heute vor Ort die Anerkennung gegenüber Bruno Gutmann ist, kann nachgelesen werden im Besuchsbericht eines anfangs sehr skeptischen Urenkels: Tillmann Prüfer, Der heilige Bruno. Die unglaubliche Geschichte meines Urgroßvaters am Kilimandscharo, Hamburg 2015.

75 Zeitschrift für vergleichende Rechtswissenschaft, Bd. 40, Stuttgart 1923, zitiert nach Adam Jones (Hg.), Afrikabestände im Archiv des Evangelisch-Lutherischen Missionswerkes Leipzig e.V., University of Leipzig Papers on Africa, Mission Archives Series, No. 2 1998, XIV

Lernen aus der Vergangenheit

„Gott ist's, der in euch wirkt beides, das Wollen und Vollbringen." Phil. 2,13

Natürlich liegt es in Gottes Macht, Samen aufgehen zu lassen oder nicht. Dennoch ist es nicht unnütz zu fragen, welche Voraussetzungen dazu beitrugen, dass die Arbeit der fünf Leipziger Missionare, so unscheinbar sie begonnen haben mag, nach und nach lebendige Gemeinden und schließlich eine der mitgliederstärksten lutherischen Kirchen der Welt hervorbrachte.

Wenige Jahre vor der Ankunft der Leipziger hatte es einen Missionsansatz in der Nähe gegeben, der zunächst lange Zeit kaum Früchte zeigte.

Die Schwierigkeiten der Kamba-Mission

Pfarrer Matthias Ittameier (1847-1936) forcierte 1881 mit der Hersbrucker Mission eine bayerische Initiative für eine Mission unter den Wakamba, nordwestlich von Mombasa im heutigen Kenia. Er hatte dabei die Vorstellung, dass die Missionare sich keine soliden Häuser bauen, um sich nicht zu sehr festzusetzen. Auch Kirchengebäude seien nicht nötig. Die Treffen der Gemeinde sollten in den Häusern der Einheimischen stattfinden. Eine kirchliche Organisation brauche es auch nicht. Schulen, gar Internatsschulen, ebensowenig. Das Konzept beruhte ganz auf dem Prinzip der Heidenpredigt. Wir würden dies heute mit dem Begriff Evangelisation benennen.

Die Wakamba betrieben eine wenig nachhaltige Raubfeldwirtschaft, die sie dazu nötigte, öfter den Standort zu wechseln. Eine längerfristige Beziehung konnte dadurch nur schwer aufgebaut werden. Es gab kein Fürstenamt, also irgendeine Volksautorität. Auch die Vorstellung eines über allen waltenden Gottes war ihnen fremd. Schon der Versuch, eine passende Übersetzung für Gott zu finden, rückte die neue Religion in die Nähe böser Geister.[76]

Die ersten Missionare Johannes Bach und Johannes Hofmann siedelten sich in Jimba nahe des Ortes Rabai an, in dem Missionar Johannes Rebmann, der „Entdecker" des Kilimanjaro, 29 Jahre von 1846 bis 1875 geduldig gewirkt hat. Johannes Rebmann war zusammen mit Johann Ludwig Krapf, dem „Entdecker" des Mount Kenya im Dienst der Anglikanischen Mission, der *Church Mission Society* (CMS). Johann Ludwig Krapf betonte schon Jahrzehnte vor der Ankunft der Leipziger Missionare immer wieder, dass sich die Mission nicht mit der Kolonisationstätigkeit und gleich gar nicht mit der damaligen Kolonialpolitik vertrage. Er verstand „die Missionsarbeit als Wiedergutmachung für das von Europäern an Afrikanern begangene Unrecht(s)".[77]

Die Arbeit der Hersbrucker Mission war nach menschlichem Ermessen wenig erfolgreich. Von den neun zwischen 1886 und 1897 ausgesendeten Missionaren starben sechs. Nachfolger in dieser Anzahl standen nicht zur Verfügung. Erst 1890 gab es die ersten Taufen. Diese „Erstlinge" waren aber keine Wakamba.[78] Dass heute auch in dieser Region viele Christinnen und Christen leben, zeigt, dass Gott manchen Samen erst später aufgehen lässt.

76 Fleisch: Hundert Jahre lutherischer Mission, 242-244

77 Tucker, Ruth A.: Bis an die Enden der Erde: Missionsgeschichte in Biographien, Metzingen 1996, 150

78 Fleisch: Hundert Jahre lutherischer Mission, 243ff

„Am Epiphanienfest 1893 überbrachte Senior Ittameier den Beschluss der bayrischen evangelisch-lutherischen Mission in Englisch-Ostafrika, ihre drei Missionsstationen an die Leipziger Missionsgesellschaft zu übergeben.“[79]

Als Bindeglied zwischen der Hersbrucker Mission und der Leipziger Mission kann Johannes Raum gesehen werden. Er war von 1895 bis 1896 Lehrer in Jimba und arbeitete ab 1897 mit Emil Müller in Machame. 1899 gründete er in der Nachbarschaft die Missionsstation Shira, wurde 1912 Leiter der Lehrgehilfenschule in Marangu und 1933 erster Leiter der „Hirtenschule“ in Machame, der ersten Pfarrerausbildungsstätte. Gott schenkte Johannes Raum die Möglichkeit, aus offensichtlich ungünstigen konzeptionellen Ansätzen zu lernen und seine Erfahrungen weiterzugeben.

Ein anderes Konzept

Warum also keimte der Samen des Wortes Gottes unter den Wachagga? Zunächst ist zu erwähnen, dass der Boden schon vorbereitet war. 1885 war Bischof James Hannington von der anglikanischen Mission *(Church Missionary Society CMS)* in das Gebiet der Wachagga gekommen. Die englischen Missionare Alexander Fitch, Joseph Alfred Wray und Albert R. Steggall in der Nähe von Moshi hatten es schwer. Sie gerieten in Stammesrivalitäten. Es stellte sich als gut heraus, dass unter ihnen ein Missionsarzt war, „der sich ganz der Pflege der Kranken und Verwundeten widmete. Diese Samariterdienste bewirkten, daß die Stimmung zugunsten der Mission umschlug.“[80]

„Die englischen Missionare aber ernteten für ihre leider vergeblich gebliebenen Bemühungen, den Frieden zu erhalten, nur Verleumdungen. Man behauptete, sie mißbrauchen ihre Vertrauensstellung, um die Dschagga gegen das deutsche Regiment aufzuwiegeln, ja man verdächtigte sie sogar, den Eingeborenen zur Ausrüstung mit Schießgewehren gegen die Schutztruppe behilflich gewesen zu sein. Alle diese widrigen Umstände veranlaßten endlich den Bischof Tucker, seine Missionare ganz von Moschi abzurufen.“[81]

Sie siedelten sich 1892 zehn Wegstunden entfernt auf englischem „Schutzgebiet“ in Taweta an. Die Leipziger schlossen mit der Anglikanischen Kirche (CMS) einen Vertrag zur Übernahme der Station Moschi. Die deutsche Kolonialabteilung versuchte die Aufnahme der Missionsarbeit der Leipziger auf dieser Station in Moshi zu verhindern. Sie begründete das damit, dass sich in der Nähe eine französische (!) katholische Mission befinde. So schrieb der Gouverneur der Kolonie Julius Freiherr von Soden an den Reichskanzler Leo von Caprivi:

„Herr Kompanieführer Johannes ist außerdem der Ansicht, daß für die religiösen Bedürfnisse der Kilimandjaro-Bewohner durch die französische Mission

79 Otto, Ernst: Hundert Jahre Missionsarbeit. Der sächsische Haupt-Missionsverein 1819 bis 1919, Dresden 1919, 139

80 Adolphi/Schanz: Am Fuße der Bergriesen Ostafrikas, 26

81 a.a.O., 27

ausreichend gesorgt und durch den Zuzug einer protestantischen Mission nur Unfriede zu befürchten sei."[82]

Der Leipziger Missionsdirektor zeigte sich darüber sehr verwundert, dass die Niederlassung einer „katholisch-französischen Mission in einer Entfernung von einer Tagesreise bei einem anderen Häuptling"[83] ein Hinderungsgrund sein sollte. Gleichzeitig bekräftige er an der Vermeidung konfessioneller Konkurrenz das größte Interesse zu haben.[84]

Am 25. Juli 1893 kommt es zur Vereinbarung zwischen der deutschen und der englischen Regierung, das Gebiet um den Kilimanjaro vollständig der deutschen Seite zuzuordnen.

Den Leipziger Missionaren begegnete zunächst viel Misstrauen von Seiten der Bevölkerung:

> „Sie argwöhnten, wir würden ihre Frauen und Mädchen rauben, wie es die ebenfalls hellfarbigen und von der Küste kommenden Araber getan hatten ... Sie meinten, wir sammelten ihre Jungen um uns, um sie später als Sklaven mit zur Küste zu nehmen oder sie sogar aufzuessen." [85]

Bewunderung fand unter den kriegerischen Wachagga eher das deutsche Militär: „Die Offiziere sind Männer, denn sie gehen in den Krieg und verschaffen uns Rinder. Aber die Lehrer sind Weiber, denn was bringen sie uns!"[86]

Zwei Gründe trugen dazu bei, dass die lokalen Oberhäupter den Missionaren die Arbeit in ihren Gebieten gestatteten: „Einmal meinten die Häuptlinge, daß die Missionare eine Sehergabe hätten (schließlich trugen sie Brillen), zum anderen würde die Verbindung mit den Missionaren ihre eigene Herrschaft festigen."[87] Durch die Brillen galten sie als Menschen mit „vier Augen"[88].

Es gab viele Situationen, die zeigen, wie sehr die Missionare auf das Wohlwollen der *Mangi* angewiesen waren. „Das Abschälen der Rinde war im allgemeinen nur Sache der Frauen. Die taten das allerdings nur auf Befehl ihres Häuptlings."[89]

Der Schöpfergott der Wachagga

Geistlich gesehen, gab es einen entscheidenden Anknüpfungspunkt bei den Wachagga, den es bei den Wakamba nicht gab. Es gab den Glauben an einen Schöpfergott, wenn dieser auch keine bedeutende Stellung hatte.

> „Wie der Name Gottes ‚Ruva' oder ‚Iruva' zugleich der der Sonne ist, so fließen auch die Vorstellungen von Gott und der Sonne vielfach ineinander. Auf der einen Seite sagen sie: Gott ist der Schöpfer der Menschen und der Ewige, der nicht stirbt. Er wohnt an einem Orte, wo er nicht gesehen wird. Er ist der Mächtige, der Sonne und Regen sendet, die Kranken gesund macht, die Menschen beschützt und ihrem Leben die Grenzen setzt."[90]

„Wenn große Kälte kommt, sagen die Leute: Gott ist krank."[91] Die Sonne hat also nicht ihre volle Stärke.

82 Brief des Kaiserlichen Gouverneurs von Deutsch-Ostafrika Nr. 980 vom 28. Dezember 1892; Bundesarchiv, Berlin, R 1001 / 848, Bl.10

83 Brief an S. Excellenz Herrn Wirklichen Geheimrath Dr. von Jacobi vom 30. März 1893; Bundesarchiv, Berlin, R 1001 / 848, Bl.26

84 ebd.

85 Althaus: Mamba – Anfang in Afrika, 19

86 Weishaupt: Gottes Spuren im afrikanischen Bergland, 16

87 Dr. Jackson Anaseli Malewo, Nach hundert Jahren, in: Althaus: Mamba – Anfang in Afrika, 128f

88 Althaus: Mamba – Anfang in Afrika, 19

89 a.a.O., 17

90 Weishaupt: Gottes Spuren im afrikanischen Bergland, 13

91 ebd.

Außerdem gab es bereits eine Gebetspraxis: „Man betet zu ihm morgens und abends: ‚Mein Häuptling, bringe mich durch diesen Tag! Gott, mein Häuptling, beschere mir eine gute Nacht!'"[92]

Was das Leben aber viel mehr bestimmte, war der Seelenglaube oder besser gesagt, die Angst vor den Geistern der Ahnen:

> „Die Geister beneiden die Lebenden um alle die Güter, die sie selbst nicht mehr besitzen. In Krankheitsfällen befragte man den Zauberer, welcher Geist die Krankheit gesandt hat und welche Opfer er verlangt. Hilft das Opfer nicht, so war der Geist, dem man geopfert hatte, nicht der richtige."[93]

Es galt nun, einen anderen Geist eines Ahnen der Familie wohlgefällig zu stimmen, wobei das Wertvollste, also Rinder, als die geeignetsten Opfer erschienen. Eine Krankheit konnte auf diese Art und Weise den Armen, aber auch den Wohlhabenden ruinieren.

Anwälte der Bevölkerung

Nicht ohne Wirkung war auch, dass die Missionare als Anwälte der Bevölkerung gegenüber den Kolonialisten auftraten. Da es den europäischen Farmern oft an genügend willigen Arbeitern fehlte, wurden immer mehr Kinder angestellt. Die Missionare wandten sich gegen die ungeregelte harte Kinderarbeit, die gesundheitliche Schäden mit sich brachte und die Kinder der Schule entzog. Emil Müller berichtete:

> „[Es gibt] Farmen, die völlig auf der Kinderarbeit basieren ... Viele, viele Kinder haben diese Gelegenheiten, etwas zu verdienen, sich zu nutze gemacht und sind mit und ohne väterliche Einwilligung auf die Farmen geeilt. Aber es ist doch jedenfalls ein Mißstand, daß Kinder genau wie die Großen ihre Arbeiterkarten bekommen und damit einen Kontrakt eingehen, dessen Bruch von der Regierung bestraft wird, daß so manche vier, fünf Stunden weit in die Steppe zur Arbeit gehen, unreife, unverständige Kinder; und in vielen Fällen kümmert sich niemand um sie, wie sie schlafen, wie sie sich nähren, daß sie an Leib und Seele Schaden nehmen."[94]

Die Eltern waren für dieses Engagement dankbar, die Farmer verärgerte es. Letztlich war es ein Baustein, der zum geläufigen Wort führte: „Mission, Malaria, Schwarzwasserfieber und Heuschrecken sind die Feinde der Ansiedler".[95]

Ein anderer Grund für den Erfolg war der Zeitpunkt der Ankunft der Missionare:

> „Zerfielen die Dschagga bis dahin in eine ganze Reihe kleiner sich befehdender Landschaften, so war gerade jetzt das Gebiet endgültig deutsch geworden, und durch die deutsche Herrschaft wurde der Friede hergestellt. Die Grenzwälle und Zäune zerfielen. Ein reger gegenseitiger Verkehr entstand. Andererseits kam die Mission noch gerade rechtzeitig, ehe die eindringende Zivilisation ihre auflösende Kraft voll geltend gemacht hatte. Noch traf sie auf einen bestehenden Volksverband mit wirksamer Sitte, und gleichzeitig mit der auflösenden Wirkung der Zivilisation, setzte die nicht nur auflösende, sondern zugleich umschaffende und erhaltende Macht des Evangeliums ein."[96]

92 ebd.
93 a.a.O., 14
94 Adolphi/Schanz: Am Fuße der Bergriesen Ostafrikas, 134
95 Fleisch: Hundert Jahre lutherischer Mission, 281
96 a.a.O., 266f

„Stefano hält Unterricht"

Sammlung Emil Müller, Privateigentum Andreas Kecke, Bild-Nr. 005 0002

Warum ist die Kirche gewachsen?

„Man mag die Kranken verarzten […], mag jedem helfen und raten, wie er mit größerem Erfolg ackert, ja, ihm seine Kuh oder Ziege gesund machen […], seine Belange vor der Regierung und vor der Öffentlichkeit vertreten aus deutschem Rechtsgefühl – es hilft alles nichts für die eigentliche Entscheidung für oder wider Gott in Christus."

Emil Müller, *Die Ährenleserin*, 1921

Ihren ganzheitlichen Grundsätzen folgend kümmerten sich die Missionare um eine generelle Verbesserung der Lebensumstände, beispielsweise durch die Versorgung von Kranken – sowohl Menschen als auch Tieren, durch Beratung bei Rechtsfragen bis hin zu Ackerbau und Viehzucht.

Um das Evangelium zu verkündigen, lernten sie zunächst die Sprachen der Einheimischen und bemühten sich um die Unterstützung durch den jeweiligen *Mangi*. Sie gingen dorthin, wo sich die Menschen aufhielten und versammelten. Sie waren bei den Beratungen der Männer auf dem „Häuptlingsrasen" dabei und besuchten die Märkte, auf denen die Frauen zu finden waren. Ziel war, die Erwachsenen auf die Missionsstation einzuladen und dort zu „unterweisen". Doch mit keiner dieser Methoden wurden anfänglich Menschen für die Sache Jesu gewonnen.

Die ersten Taufbewerber der Leipziger Stationen Madschame, Mamba und Moschi waren Schüler aus den sogenannten Kostschulen. Die Jungen hielten sich auf der Missionsstation auf, erhielten Kost und übernachteten häufig auch da. Sie wurden angehalten, kleinere Arbeiten mit zu übernehmen.

„Missionsschule für Mädchen"

Sammlung Emil Müller, Privateigentum Andreas Kecke, Bild-Nr. 002 0006

Die Kostschulen als Weg zum Erfolg

„Das älteste Missionsmittel ist hier die Kostschule. Die Gründung von Kostschulen war in der Instruktion, die den ersten Missionaren mitgegeben wurde, nicht vorgesehen. Die Verhältnisse nötigten dazu. Ursprünglich wandten sich die Missionare an die Erwachsenen, sie stießen aber bei ihnen auf solche Schwierigkeiten, daß sie auf andere Wege sinnen mußten, wenn ihre Kraft nicht brachliegen sollte. Vor allem war es außerordentlich schwer, dem weiblichen Geschlechte sich zu nähern. Die Gründung von Knabenkostschulen legte sich deshalb nahe. Es handelt sich bei ihnen um eine freies, jederzeit lösbares vertragsmäßiges Verhältnis zwischen den Missionaren und heidnischen Burschen, die auf der Station arbeiteten und daneben tägliche Unterrichtsstunden empfangen. […] Aus den Kostschulen sind die ersten Katechumenen und Christen hervorgegangen, die ersten Vermittler evangelischer Ideen, die ersten Lehrer und Helfer bei den Übersetzungsarbeiten. Durch sie ist auf den drei ältesten Stationen der Grund zu einer Gemeindebildung gelegt (sic!).“

Missionsinspektor Martin Weishaupt: Unsere Mission in Deutsch-Ostafrika, 182f

„Steppenschüler mitten auf dem Dorfplatz (Missionar Wilhelm Guth)"

Historisches Bildarchiv des Evangelisch-Lutherischen Missionswerkes Leipzig e.V., Album 3, Bild-Nr. 866

Der Missionar als Lehrer

Für Emil Müller ist die Bildung der Menschen der entscheidende Weg zum Evangelium. Er erarbeitet Unterrichtsmaterialien und lässt 1901 in Moshi (heute Kidia) die „Madschame-Fibel. Kitabu kya isoma" als Schulbuch drucken. 1905 erscheint ein Gesangbuch im Machame-Dialekt, eine Übertragung der am häufigsten gesungenen, ursprünglich deutschen Choräle. Erst nach seinem Tod 1947 wird sein „Wörterbuch der Djaga-Sprache" veröffentlicht.

Über einen seiner Unterrichtstage berichtet Emil Müller:

Zuerst wird die Apostelgeschichte gelesen und erklärt,

„dann folgen abwechselnd kleine Aufsätze über allerlei Dinge aus dem Heimatlande der Schüler (Bananen, Regenzeit, Heuschrecken, Termiten usw.) oder Tafelrechnen (1-100 zusammenzählen und abziehen) und Geographie von Afrika und Europa mit Vorzeigung des Globus und zum Schluß Schreiben mit dem Bleistift ins Heft."

„Schwester Gesine mit ihrer Kleinkinderschule: Häschen in der Grube"

Historisches Bildarchiv des Evangelisch-Lutherischen Missionswerkes Leipzig e.V., Druckmusterbogen II a Nr. 418, auch Album 9, Bild-Nr. 71

„Unterricht auf der Stationsschule Gonja mit den Lehrern Abraham und Petro"

Die Missionsstation Gonja wurde 1904 in den Parebergen im Nordosten des heutigen Tansania gegründet. Dort wirkte Missionar Wilhelm Guth, von dem vermutlich auch dieses Bild aufgenommen wurde.

Historisches Bildarchiv des Evangelisch-Lutherischen Missionswerkes Leipzig e.V., Album 5, Bild-Nr. 571

Schulen als Weg zum Wachstum

„Mit Kindern gründet man keine Kirche." So lautete die Weisung der Hersbrucker Mission für die Kamba-Missionare. Auch wenige Jahre später lag es nicht in der Absicht der ersten Chagga-Missionare, „vorwiegend das Schulwesen zu pflegen; auch sie wollten in erster Linie Heidenprediger werden".[97] Die Schulen wurden jedoch bald der wichtigste Arbeitsbereich der Leipziger Missionare.

Vor allem die sogenannten Kostschulen, in denen die Kinder wie in einem Internat „Kost und Logis" erhielten, erlebten regen Zulauf, obwohl sie zunächst gar nicht vorgesehen waren:

> „Die Missionare hatten gar keine Kostschulen gewollt. Aber sie entstanden von selbst, zuerst in Madschame im Oktober 1894 mit sieben Jungen, die bei den Missionaren arbeiteten."[98]

Die Kostschulen blieben längere Zeit von Bedeutung:

> „Die Kostschule ist dann für längere Zeit die Grundform unserer afrikanischen Schule geblieben. Und das mit Recht. Denn wollte man unter dem Volk Fuß fassen, so mußte man versuchen, die Jugend unter die tägliche erzieherische und seelsorgerliche Einwirkung der Missionare zu bringen. "[99]

Zunächst fanden sich wie in Machame auch in den neuen Stationen Kinder ein, die von ihren Familien verstoßen worden waren. Sie erhielten Unterricht, Unterkunft und Verpflegung. Dafür halfen sie mit im Garten, Haus und Hof. Sie bekamen ein geringes Entgelt[100], „Seife und Tuch"[101] (Vorläufer der Schulkleidung). Die Jungen lernten Fertigkeiten wie das Schreiben auf einer Schiefertafel und Handgriffe für die Garten- und Feldarbeit. Sie hörten von den Missionaren von den wundersamen Dingen einer für sie fernen Welt. Zum Beispiel trugen die Züge aus Metall auf Schienen, die seit 1911 auch Moshi erreichten, ihre Lasten zu viel größeren Stahlkolossen in Tanga, die sogar schwimmen konnten.[102]

Emil Müller berichtet über einen seiner Unterrichtstage: [Zuerst wird die Apostelgeschichte gelesen und erklärt],

> „dann folgen abwechselnd kleine Aufsätze über allerlei Dinge aus dem Heimatlande der Schüler (Bananen, Regenzeit, Heuschrecken, Termiten u.s.w.) oder Tafelrechnen (1-100 zusammenzählen und abziehen) und Geographie von Afrika und Europa mit Vorzeigen des Globus und zum Schluß Schreiben mit dem Bleistift ins Heft."[103]

Bezüglich des Unterrichts für Mädchen kam es immer wieder zu Schwierigkeiten. So auch in der damals abgelegensten Neugründung Schigatini in den Parebergen: Die Gründung der Mädchenkostschule verzö-

97 Kiesel: Kindheit und Bekehrung in Nord-Tanzania, 37
98 Fleisch: Hundert Jahre lutherischer Mission, 269
99 Kiesel: Kindheit und Bekehrung in Nord-Tanzania, 38

100 Weishaupt: Gottes Spuren im afrikanischen Bergland, 24
101 Kiesel: Tagebuch der Missionsstation Nkoaranga, 93
102 Weishaupt: Gottes Spuren im afrikanischen Bergland, 29
103 Evangelisch-Lutherisches Missionsblatt, Leipzig 1899, 329

„Moshi. Die Gebäude der Lehrgehilfenschule"

Historisches Bildarchiv des Evangelisch-Lutherischen Missionswerkes Leipzig e.V., Album 11, Bild-Nr. 302

Lehrerausbildungsstätte Marangu

Sammlung Emil Müller, Privateigentum Andreas Kecke, Bild-Nr. 009_0015

gert sich bis April 1908, weil das weibliche Geschlecht „in allen rechtlichen Angelegenheiten der Familie und des öffentlichen Lebens nichts zu sagen hat."[104]

Missionar Hans Fuchs hatte sich der „Leitung der Kostschule, als dem wichtigsten Bindeglied zwischen Station und Landschaft"[105] gewidmet. Auf die Kostschulen ging aber auch hier nur ein geringer Teil der Schüler. Die Mehrzahl der Kinder besuchte die Schulen ohne Internat. Diese vermehrten sich allein in der Gemeinde Schigatini zwischen 1923 und 1925 von 7 auf 12, „wozu noch eine Nachtschule für junge Männer kam".[106]

Missionar Leonhard Blumer reagierte auf Kritik an den Kostschulen mit folgenden Worten:

> „Wie man behaupten kann, dass die Kostschule der Missionsarbeit und der Gemeindeentwicklung hinderlich sei, ist und bleibt für mich ein Rätsel. In Arusha sind jedenfalls die Kostschulen gemeindebildend und gemeindeentwickelnd gewesen und sind es, besonders was die Mädchenkostschule anbetrifft, noch jetzt. Alle Christen bis zu unserer Gemeindebildung sind in Arusha nur aus den Kostschulen hervorgegangen. Daß eine Kostschule volksentfremdend wirken soll, ist sowohl eine recht kühne wie auch eine von wenig Sachkenntnis getrübte Behauptung."[107]

Die Kostschulen bildeten den Anfang. Bald entstanden auf allen Stationen sogenannte Stationsschulen. In diesen lernten Internatsschüler aber auch solche, die zu Hause wohnen blieben. Bald wurden Außenschulen gegründet.[108]

Im Jahr 1900 lernten auf den vier Stationsschulen 353 Schüler, von denen 101 im Internat lebten. 1903 gab es bereits 1.695 Schüler, von denen 201 Kostschüler waren. 1914 lernten in den 99 Missionsschulen 8.722 Schülerinnen und Schüler. Lediglich 123 von diesen wohnten im Internat.[109] Ab 1908 bis zum Beginn des Ersten Weltkrieges bildeten Schülerinnen in den Klassen eine leichte Mehrheit, im Internat zum Teil deutlich.

Für die absehbar benötigten Lehrer wurde zunächst eine Lehrgehilfenschule in Moshi eingerichtet. Sie bestand zwischen 1902 und 1907. Nur acht Jahre nach Ankunft der Leipziger Missionare wurde begonnen, die Lehrtätigkeit in die Hände Einheimischer zu geben.

Man entschied sich, im örtlichen Dialekt von Moshi zu unterrichten, den die Studenten aus Machame, Arusha und den Parebergen jedoch erst erlernen mussten.[110] Damit distanzierte man sich deutlich von dem Wunsch der deutschen Kolonialregierung, Swahili als einheitliche Unterrichtssprache zu verwenden. Aber die hier Ausgebildeten sollten „Dschagga bleiben und neben ihrer Hilfeleistung im Unterricht nach Dschaggasitte auch vom Ackerbau leben".[111]

Da die zwei Kurse den Bedarf bei weitem nicht deckten, wurde der Bau eines Lehrerseminars beschlossen. Dieses wurde 1912 auf dem Gelände der

104 Adolphi/Schanz: Am Fuße der Bergriesen Ostafrikas, 190
105 a.a.O., 188
106 Fleisch: Hundert Jahre lutherischer Mission, 361 und 293
107 Jahresbericht Arusha 1926 von Blumer, 10; Archiv der Franckeschen Stiftungen, ALMW II.32.13
108 Kiesel: Kindheit in Nord-Tanzania, 13
109 a.a.O., Anhang V; 1928 gab es in den 156 Schulen 12.197 Schülerinnen und Schüler, von den 32 (ausschließlich Schülerinnen) im Internat lebten.
110 Kiesel: Kindheit und Bekehrung in Nord-Tanzania, 15
111 Fleisch: Hundert Jahre lutherischer Mission, 277

Schule mit Glockenturm und erste Hirtenschule ab 1933 in Machame

Sammlung Emil Müller, Privateigentum Andreas Kecke, Bild-Nr. 009_0008

Handwerkerschule in Marangu

Historisches Bildarchiv des Evangelisch-Lutherischen Missionswerkes Leipzig e.V., Album 11, Bild-Nr. 285

zerstörten Handwerkerschule in Marangu eröffnet.[112] Unterrichtssprache wurde hier Kiswahili[113], die Sprache, die die Möglichkeit der Verständigung zwischen den einzelnen Völkern bot. Von den Bewerbern wurden 42 Personen ausgewählt.

Die Bewerbungsschreiben zeugen auch von Abwerbungsversuchen durch Farmer, die die Person gern als Schreiber angestellt hätten. Ein Schüler entschied sich mit folgenden Worten dagegen: „Wenn sie mir den Reichtum der Welt gegeben haben, und ich dann diese Welt verlasse, was werden sie mir dann geben?"[114]

Wegen der nahenden Front wurde das Seminar am 6. März 1916 geschlossen. „6 Tage später wurde der Kilimanjaro von südafrikanischen Truppen besetzt."[115] Zehn Jahre später konnte es feierlich wiedereröffnet werden.

1933 eröffnete die Leipziger Mission in Machame die „Hirtenschule", eine Ausbildungsstätte für einheimische Pfarrer. Ihr Leiter wurde Missionar Johannes Raum. Der erste Kurs bestand aus 14 Personen, wovon fünf ehemalige Schüler von Johannes Raum aus dessen ersten Lehrerkurs in Marangu waren.[116]

Zu den Absolventen des ersten Abschlussjahrgangs 1934 gehörten Solomon Nkya und Lazaros Laiser. Solomon Nkya leitete in der Nachkriegszeit die Gemeinde Machame und nahm in der Auseinandersetzung um die Beschneidung eine gewichtige Position ein. Lazaros Laiser[117] wurde später der stellvertretenden Leiter der *Lutheran Church of Northern Tanganyika*.

112 Kiesel: Kindheit und Bekehrung in Nord-Tanzania, 17 und 21
113 a.a.O., 23
114 Weishaupt: Gottes Spuren im afrikanischen Bergland, 28
115 Kiesel: Kindheit und Bekehrung in Nord-Tanzania, 26
116 a.a.O., 33
117 Fleisch: Hundert Jahre lutherischer Mission, 444f

Bald stellte sich die Frage nach weiterführenden Schulen. Es gab einen großen Bedarf an Baufachkräften und Tischlern. So erwarb die Leipziger Mission von Johann Merkl, einem Farmer, ein ummauertes Gehöft für 7.500 Rupien in Marangu.

Die Handwerkerschule eröffnete 1905 und wurde 1910 durch einen Großbrand vernichtet.[118]

Zur Bedeutung der Muttersprache

Zentraler Punkt für die lutherischen Missionare war die Muttersprache. Denn

> „die greifbarste Verkörperung der geistigen Eigenart eines Volkes ist seine Sprache. Alle Völker haben ein unveräusserliches Recht an ihrer Muttersprache. Darum ist es ein Unrecht, den Eingebornen ihre Sprache zu nehmen."[119]

Daher wurde in der jeweiligen Volkssprache unterrichtet, auch wenn unweit ein anderer Dialekt gesprochen wurde und eine Verständigung zwischen den Dialekten schwierig war. Die erste Fibel im Machame-Dialekt wurde 1901 hergestellt. Dazu wurde die kleine Druckerpresse der Missionsstation Moschi genutzt.[120]

Auslöser eines Bildungsaufschwungs im Land

Heute erinnert die Tatsache, dass der deutsche Begriff „Schule" Bestandteil der Chagga-Sprache ebenso wie des Swahili geworden ist, an die Einrichter dieser Institution. Ebenso verhält es sich mit dem Begriff „Kindergarten".

118 Kiesel: Kindheit und Bekehrung in Nord-Tanzania,16
119 Beilage Nr. 3 zum Protokoll der I. (XXX.) Konferenz zu Madschame 3. bis 7. September 1925; Archiv der Franckeschen Stiftungen zu Halle, II.32.47
120 Krause: Tagebuch der Missionsstation Nkoaranga, 34

Horst Gründer, der insgesamt das Engagement der Deutschen in den Kolonien ausgesprochen negativ bewertet, fällt über die Schultätigkeit der Missionare folgendes Urteil:

> „Indikator dieses politisch-sozialen Wandlungsprozesses war in Ostafrika wie in allen anderen Kolonien das Schulwesen, das fast ausschließlich in den Händen der Mission lag. Es trug nicht nur erheblich dazu bei, dass das Kultur- und Wirtschaftsgefälle zwischen der seit Jahrhunderten von Arabern, Indern und Europäern erschlossenen Küste und dem unberührten Hinterland sich nicht zu sehr vergrößerte, sondern war auch Teil jener nach 1906 einsetzenden ‚Bildungsrevolution', die wesentliche Voraussetzungen des modernen Tansania schuf (u.a. das Suaheli als intertribales Idiom und afrikanische Amtssprache). Kurz vor Ausbruch des Ersten Weltkrieges besuchten in Deutsch-Ostafrika insgesamt 61.815 Schüler die katholischen, 46.730 Schüler die protestantischen Missionsschulen, gegenüber 6.200 Schülern in den Regierungsschulen. D. h., dass bei einer Bevölkerungszahl von 7.642.200 im Jahre 1913 ca. 1,5 % der Bevölkerung eine Schule besuchte. Diese absolut gesehen bescheidenen, im relativen Vergleich zu den Jahren vor 1905 und im direkten Vergleich etwa zu den Nachbargebieten jedoch bemerkenswerten Zahlen – dem deutschen Schulwesen stand nichts Vergleichbares in Kenia, Uganda oder Nyasaland gegenüber."[121]

Erwähnt sei, dass die englische Regierung, die das Gebiet nach dem ersten Weltkrieg übernahm, der Lutherischen Mission die Elementarschulen ließ. Die höheren Schulen versuchte sie aber in ihre Hand zu bekommen.[122]

121 Horst Gründer: Geschichte der deutschen Kolonien, Paderborn, München, Zürich 1991, 168

122 Fleisch: Hundert Jahre lutherischer Mission, 427

Für die Mission war das Aufgeben der eigenen Vorbehalte gegenüber der Lehrtätigkeit in Schulen für Kinder der entscheidende Schritt zum Erfolg. Neben der Vermittlung von nützlichem Wissen konnten verlässliche Beziehungen nicht nur zwischen den Missionaren und den Kindern, sondern auch zwischen den sich für das Evangelium öffnenden Kindern untereinander entstehen.

Die Internatsschulen bildeten die Grundlage, die den Ausbau eines verzweigten, differenzierten Schulsystems ermöglichte. Obwohl die Lehrtätigkeit an Kindern nicht in den Anweisungen der Missionare stand, wurde sie zur Initialzündung und Grundlage der heutigen Evangelisch-Lutherischen Kirche in Tansania. Die ersten einheimischen Lehrer und Pfarrer waren ehemalige Schüler der Missionsschulen.

Kommentar

Die im wesentlichen durch die Arbeit in den Schulen ausgelöste Entwicklung der Evangelisch-Lutherischen Kirche Tansanias spiegelt in Miniatur und im Zeitraffer die allgemeine Entwicklung der Lutherischen Kirche in Europa wider. Die Reformatoren entwickelten das allgemeine Schulwesen.

Martin Luther initiierte unter anderem den Schulbesuch von Mädchen. Philipp Melanchthons Ehrentitel „Praeceptor Germaniae" (Lehrer Deutschlands) war noch bis zur Mitte des 20. Jahrhunderts breiten Bevölkerungsteilen geläufig. Die Initiative und das Betreiben von Schulen ging in Sachsen, dem Heimatland der Leipziger Missionare, über Jahrhunderte im Wesentlichen von Geistlichen aus. Dies änderte sich nur gering mit der Einführung der Schulpflicht im Jahr 1835, stärker mit dem Volksschulgesetz 1873. Dennoch blieb das Schulwesen bis 1918 konfessionsgebunden. Nicht selten hatten auch weiterhin kirchliche Amtspersonen die Schulaufsicht inne. Beispielsweise waren 1912 von den existierenden 87 Volksschulen im Kreis Bautzen 78 evangelisch und 7 katholisch.

Die Trias von Kirchgebäude, Pfarrhaus und Schule prägte die sächsischen Orte.

Dies war den Nationalsozialisten ein Dorn im Auge. Sie wollten Gemeinschaftsschulen. In ihrer Ideologie störte der christliche, freie Geist. Der Einfluss der Kirchen in der Gesellschaft sollte beseitigt werden. Unter der Parole der „Entkonfessionalisierung des öffentlichen Lebens" begann 1935 der Kampf gegen die christlichen Schulen und den Religionsunterricht. 1937/1938 mussten die konfessionellen Schulen schließen, bis 1941 wurde der Religionsunterricht abgeschafft. Unter der sowjetischen Besatzung und in der DDR blieben diese Restriktionen. Nach dem Mauerfall hatte sich die Mehrheit der kirchlichen Mitarbeitenden nicht nur mit diesem Zustand abgefunden, sondern diesen auch über den Slogan „Trennung von Thron und Altar" verinnerlicht.

Der Aufstieg und Abstieg der Lutherischen Kirche ist eng mit ihrem Einfluss auf das Schulwesen verbunden.

Die Möglichkeit, dass Samenkörner des Evangeliums bei einzelnen Schülerinnen oder Schülern auf fruchtbaren Boden fallen, ist durch die Bildungseinrichtungen auch heute gegeben. Diese können hundertfältig Früchte bilden. Soll es im Heimatland der Leipziger Missionare zu einer geistigen Wende kommen, müsste die Ressourcenverteilung hin zur Arbeit in Bildungseinrichtungen ähnlich wie in den Anfängen der Leipziger Mission erfolgen.

„Arzneihäuschen" in Machame

Sammlung Emil Müller, Privateigentum Andreas Kecke, Bild-Nr. 007 0001

Sorge für die Gesundheit

Der zentrale Auftrag, den Jesus den von ihm Ausgesendeten mitgegeben hat, lautet, „zu predigen das Reich Gottes und die Kranken zu heilen.“ (Lukas 9,2)

Die Missionare wollten nicht, dass sich die Christen separieren. Sie sollten unter den Nichtchristen wohnen, damit sie als Vorbild wirken[123], auch bezüglich der Gesundheitsvorsorge.

Zunächst versuchten die Pioniermissionare, mithilfe ihrer Hausapotheke und den Kenntnissen ihres Samariterkurses, den sie in der Vorbereitungszeit absolviert hatten, notdürftig Linderung zu schaffen. Emil Müller schrieb:

> „Nach Schluß meiner Unterredung verbinde ich zahlreichen Frauen und Kindern ihre Wunden, die meist von den Sandflöhen herrühren. Sogar Säuglinge, die schon eine Zehe verloren haben, werden gebracht, auch eine Frau, deren einer Fuß nicht einmal mehr eine Spur von Zehen besitzt!“[124]

Auch Inspektor Weishaupt berichtete: „Ein furchtbares Übel sind die Beinwunden, die nicht selten den ganzen Knochen bloßlegen.“[125]

Bald wurde deutlich, dass ein eigenes Gebäude dringend notwendig ist.

> „Da es sich bei der Behandlung der hilfesuchenden Kranken immer mehr herausgestellt hatte, dass es besonders auch wegen der Pockengefahr unzuträglich sei, die Kranken in der Veranda des Missionshauses zu behandeln, so wurde schon im April ein kleines besonderes Arzneihäuschen auf dem Missionsgehöft errichtet.“[126]

Etwa die Hälfte der Bevölkerung litt an der „Wurmkrankheit“.[127] Geschlechtskrankheiten, Tuberkulose und Malaria waren weit verbreitet.[128] Die heiße Zeit brachte Augenentzündungen, die Regenzeit Erkältungen, Rheumatismus, Keuchhusten, Lungenkrankheiten.[129] Die spärliche Kleidung war aufgrund der Höhenlage der Gesundheit nicht förderlich. In tieferen Höhenlagen breitete sich die Malaria aus.

Traditionelle Heiler

Die Wachagga kannten zwei Krankheitsursachen: „Entweder haben die Geister die Krankheit gesandt oder ein Feind hat sie durch Zauber verursacht.“[130] Diese Zuordnung herauszufinden, war die Aufgabe der Wahrsager und Zauberer.

Die Behandlung bestand aus Heilsprüchen oder Eingriffen. Letztere geschahen zum Beispiel folgendermaßen:

> „Dann werden dem Patienten zahllose Einschnitte in Brust, Rücken und Leib gemacht, aus denen der ‚Arzt‘

123 M. Ruben Moshi Nyange, Mambo-Kilimanjaro, in: Althaus: Mamba – Anfang in Afrika, 113
124 Evangelisch-Lutherisches Missionsblatt, Leipzig 1899, 349
125 Weishaupt: Gottes Spuren im afrikanischen Bergland, 35
126 Evangelisch-Lutherisches Missionsblatt, Leipzig 1899, 505
127 Weishaupt: Gottes Spuren im afrikanischen Bergland, 34
128 Fleisch: Hundert Jahre lutherischer Mission, 297
129 Weishaupt: Gottes Spuren im afrikanischen Bergland, 34
130 ebd.

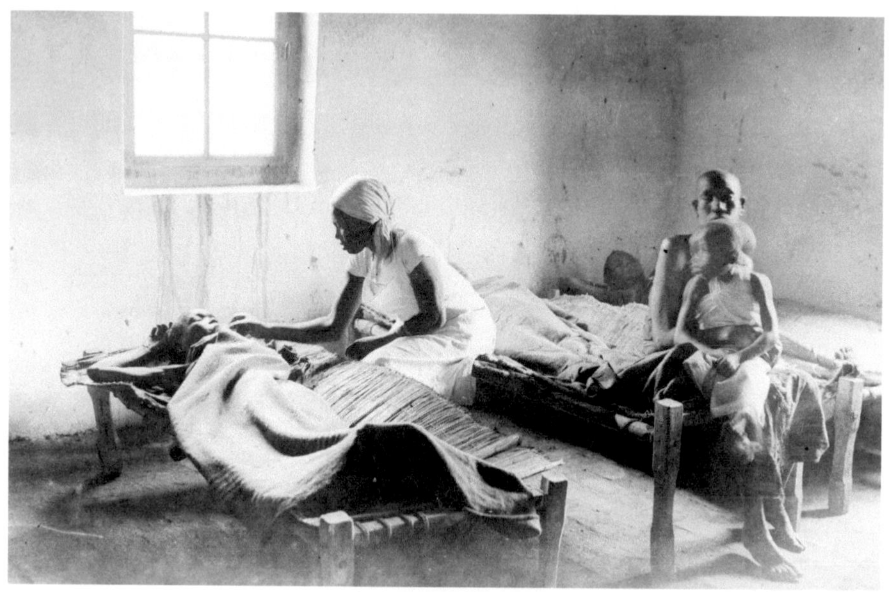

„Der Hospitalraum für die Frauen in Gonja. Medizinausgabe"

Historisches Bildarchiv des Evangelisch-Lutherischen Missionswerkes Leipzig e.V., Album 3, Bild-Nr. 1185

Schwester Elisabeth Vierhub bei der Kranken- und Säuglingspflege

Historisches Bildarchiv des Evangelisch-Lutherischen Missionswerkes Leipzig e.V., Druckmusterbögen III, IX b_r, Nr. 284, Neg A60

> Blut heraussaugt. Dabei verbringt er heimlich kleine Holzkohlestücke, Haare oder Schneckenhäuschen in seinem Munde und speit sie mit dem Blut in ein Bananenblatt, wobei er vorgibt, diese Fremdkörper seien schuld an der Krankheit."[131]

Allerdings waren auch Anwendungsmöglichkeiten von Heilkräutern und einfache Heilmethoden bekannt, zum Beispiel für die Behandlung von Wunden und Hautkrankheiten.

Der Beginn der ärztlichen Mission

Die vielfältigen Krankheiten überforderten die Missionare. So wurde 1902 der erste Missionsarzt, Dr. Hermann Plötze, ausgesendet. Er starb 1909 an Erschöpfung.[132] Ihm folgten Dr. med. Carl Ittameier und zwei Diakonissen, Schwester Berta Schulz und Schwester Gesine Sammy aus dem Mutterhaus Ludwigslust. Missionsinspektor Martin Weishaupt schreibt über deren Funktion:

> „Die Aufgabe des Missionsarztes bestehe nicht darin Heiden zu bekehren, sondern Kranke zu heilen. Die Wirksamkeit christlicher Ärzte in heidnischen Ländern ist eine Tatpredigt, ein Zeugnis christlicher Barmherzigkeit."[133]

Auf den Stationen in Mamba und Moshi wurden kleine Krankenhäuser gebaut. In Machame, dem Sitz des Arztes, entstand 1912 ein größeres aus mehreren Gebäuden bestehendes Hospital.[134] Die christliche Gemeinde übernahm die Verpflegung der Patienten:

131 ebd.

132 Adolphi/Schanz: Am Fuße der Bergriesen Ostafrikas, 160

133 Weishaupt: Gottes Spuren im afrikanischen Bergland, 36

134 ebd.

> „Ein erfreuliches Zeichen sich regenden Gemeindelebens war jener Beschluß der Gemeinde Madschame, von auswärts den Arzt aufsuchenden Christen Verpflegung zu geben."[135]

Wer heute das Ausbildungskrankenhaus in Machame besucht, wird gleich im Eingangsbereich an diese Ursprünge erinnert mit einer Zeichnung des ersten Arzneihäuschens und den Fotografien von Emil Müller und seinen Nachfolgern.

Bald stellten sich gesundheitliche Verbesserungen ein, etwa die Verringerung der Kindersterblichkeit.[136]

Ein namentlich unbekannter Zeuge erinnerte sich:

> „In alter Zeit pflegten die kleinen Kinder bei uns das Essen aus dem Mund ihrer Mutter zu bekommen. Viele sind gestorben, so sind von 100 Kindern 70 gestorben und nur 30 heil geblieben. Aber Herr Althaus bemühte sich sehr, die Frauen bei uns zu belehren, daß sie ihre Kinder neun Monate lang nur an der Mutterbrust trinken lassen sollen, dann möge ihnen breiige Speise gegeben werden. Wir versuchen, so zu handeln, haben ganz großen Gewinn davon gehabt, weil nämlich ihre Kinder nicht starben wie in früherer Zeit. Bei uns gibt es jetzt sehr sehr viele junge Kinder und solche, die 30 Jahre hinter sich haben, sogar bei den Heiden, weil die Erzeuger der Kinder sich daran gewöhnt haben, sie so zu stillen. Bei uns ist jetzt das offene Land ganz voll von Menschen, die mehr und mehr Häuser bauen, welche von Bananenstauden umgeben sind."[137]

135 Fleisch: Hundert Jahre lutherischer Mission, 307 – Dies ist selbst heute nicht selbstverständlich. In Tansania sind in den meisten Krankenhäusern die Angehörigen für die Versorgung ihrer Familienmitglieder verantwortlich.

136 a.a.O., 302

137 M. Ruben Moshi Nyange, in: Althaus: Mamba – Anfang in Afrika, 112

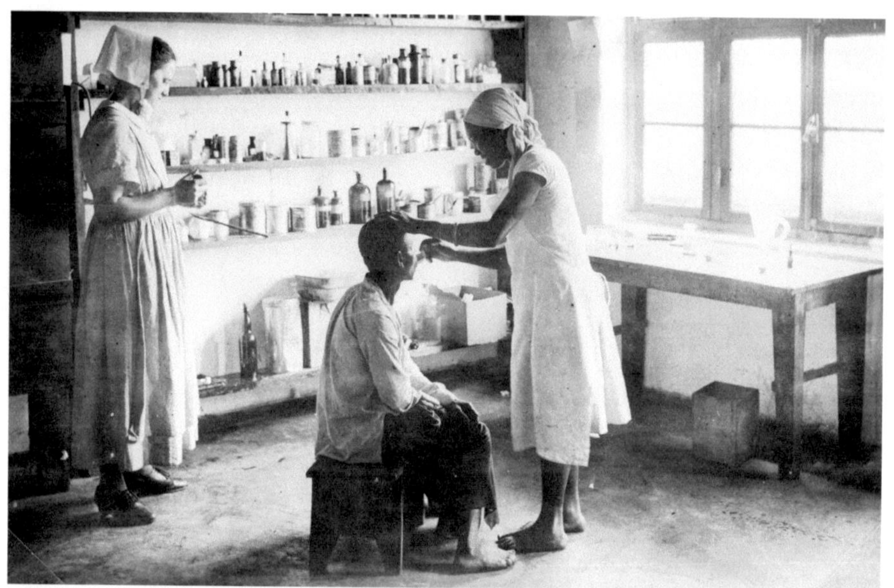

„Schwester Frieda Wetzel in ihrem Behandlungszimmer (Gonja)"

Historisches Bildarchiv des Evangelisch-Lutherischen Missionswerkes Leipzig e.V., Album 3, Bild-Nr. 1186

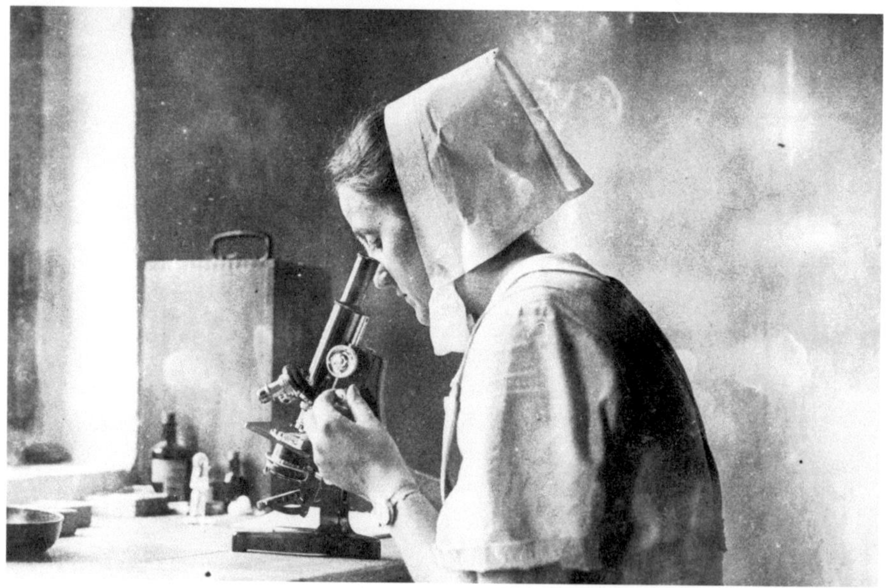

„Schwester Frieda Wetzel beim Mikroskopieren"

Historisches Bildarchiv des Evangelisch-Lutherischen Missionswerkes Leipzig e.V., Album 3, Bild-Nr. 1194

Die medizinische Hilfe wurde bald von vielen Menschen gern in Anspruch genommen. Erfolgreiche Behandlungen förderten den Abbau von skeptischen Haltungen. Dass die Dankbarkeit darüber zu einer direkten Hinwendung zum christlichen Glauben führte, erwarteten weder die Missionare, noch geschah dies.

Kommentar

Krankenhäuser in christlicher Trägerschaft gibt es heute in Tansania und in Deutschland. Der Unterschied besteht darin, dass in Tansania an den täglichen Andachten mit den Patientinnen und Patienten ein hoher Anteil des medizinischen Personals teilnimmt. Eine Stärkung des Engagements in dieser Hinsicht könnte auch in Deutschland zur Gesundung beitragen. Professor Jon Kabat-Zinn, Begründer der Achtsamkeitspraxis, untersuchte die gesundheitliche Entwicklung jüdischer Holocaust-Opfer und stellte fest, dass sich ihre Gesundheit besser entwickelte, als die Traumatisierung befürchten ließ. Seine Erklärung ist, dass viele jüdische Opfer einen Rahmen hätten, in dem sie die schlimmen Ereignisse einordnen. Andreas Michalsen, Professor für klinische Naturheilkunde an der Charité Berlin schlussfolgert daraus, dass Sinnlosigkeit das Gesundheitsrisiko steigere.

Amerikanische Meinungsforscher des Pew Research Center fanden heraus, dass religiös aktive Menschen tendenziell weniger rauchen, weniger Alkohol trinken, sich als glücklicher bezeichnen. In diesem Bericht wird erwähnt, dass andere Forschungen gezeigt haben, dass Amerikaner*innen, die regelmäßig den Gottesdienst besuchen, im Durchschnitt länger leben. Es gibt also einen Zusammenhang zwischen aktiv gelebter christlicher Spiritualität und der Gesundheit.

In Sachsen übernahm seit dem Fall der Mauer das Diakonische Werk viele Einrichtungen im Pflegebereich. Es gibt immer noch ein großes Vertrauen auch der nichtchristlichen Bevölkerung gegenüber kirchlichen Werken. Viele schätzen den „anderen Geist" in den Einrichtungen. Von Seiten der Leitung wird häufig aber nur sehr verschämt auf den Heiligen Geist hingewiesen.

„Missionar Guth zeigt den Masai das neue Suaheli-Testament mit Bildern"

Historisches Bildarchiv des Evangelisch-Lutherischen Missionswerkes Leipzig e.V., Album 3, Bild-Nr. 950

Verkündigung des Evangeliums

„Gehet hin in alle Welt und predigt das Evangelium aller Kreatur." Markus 16,15

Den Verkündigungsauftrag Jesu galt es zu erfüllen. Nach den Amtsanweisungen hieß dies

> „möglichst bald die Eingeborenen zu biblischen Besprechungen und gottesdienstlichen Versammlungen herbeizuführen und sie durch anschauliche Darstellung der biblischen Geschichte mit den Hauptwahrheiten des Christentums bekannt zu machen".[138]

Die Männer waren bei ihren Beratungen und Biergelagen anzutreffen, die Frauen auf dem Markt. Predigten fanden da nur geringes Echo. Auf den Stationen selber aber waren die Arbeiter und die sich einfindenden Kinder. Für sie wurden Morgen- und Abendandachten angeboten, sowie der Gottesdienst am Sonntag. Die Kinder sangen als Erste mit. Für die Predigt erwies sich das Erzählen der biblischen Geschichten als segensreich. An diese konnten dann zentrale christliche Botschaften angeknüpft werden. Sprichwörter, Bräuche und Begebenheiten boten Möglichkeiten der Erläuterung. Schnorrs Bilderbibel fand häufig Anwendung. Die katechetische Predigt war das Mittel der Festigung. Dabei fragte der Prediger und die Hörer antworten.[139]

Die Räumlichkeiten, in denen die Gottesdienste stattfanden, waren Ausdruck des Entwicklungsstandes der Gemeinde. Zunächst spendete für manchen Gottesdienst nur das Blätterdach eines Baumes Schatten. Später wurden Lehmhütten errichtet. Das erste weithin sichtbare Zeichen des werdenden Christentums war die Kirche aus Stein mit Turm in Mamba.

138 Weishaupt: Gottes Spuren im afrikanischen Bergland, 21

139 a.a.O., 22

Die Missionare entwickelten eine Gottesdienstordnung und übersetzten die mitgebrachten deutschen Lieder in die Landessprache. Zunächst gab es keine Liturgie. In heidnischen Versammlungen beschränkte sich der liturgische Teil „in der Regel nur auf den Gesang geistlicher Lieder".[140]

In gewissen Abständen trafen sich alle Missionare bei Konferenzen. Jeweils ein Missionar hielt dabei einen Vortrag zu einem Thema, zum Beispiel sprach Emil Müller über die „Gestaltung der Gottesdienste"[141], worüber dann diskutiert und abgestimmt wurde. Markant war beispielsweise die Besprechung bezüglich der Übersetzung des Vaterunsers:

> „Es soll nicht ein einheitlicher Text hergestellt werden, das ist wegen der großen Verschiedenheit der Dialekte unmöglich, aber vor allem soll die Übertragung ein korrektes Kids werden, und soweit möglich, wollen wir auch dieselben Wörter wählen."[142]

Die ersten Taufen

Die ersten Getauften waren Schüler der Kostschulen. Johane, einer der Ersten am 30. Januar 1898, erinnert sich:

140 Evangelisch-Lutherisches Missionsblatt, Leipzig 1904, 144

141 Missionar Müller, Die Gestaltung der Gottesdienste. Beilage Nr. 18 zum Protokoll der XVIII. Konferenz, II.pag.65; Archiv der Franckeschen Stiftungen zu Halle, II.32.95

142 Evangelisch-Lutherisches Missionsblatt, Leipzig 1903, 461

Paar, vermutlich in Taufkleidung

Die innere Wandlung sollte auch äußerlich zu sehen sein. Wer auf Christus getauft ist, hat Christus angezogen. (vgl. Gal. 3,27)

Es wird vermutet, dass es sich bei der Bekleidung auf dem Bild um Taufkleidung handelt. Es könnte sich um das erste christliche Ehepaar Andrea und Martha handeln.

Sammlung Emil Müller, Privateigentum Andreas Kecke, Bild-Nr. 005_0021

„Als wir uns zur Taufe meldeten, sahen die Leute in Moshi auf uns, als seien wir Räuber, fluchten und lachten uns aus. Aber wir hatten große Freude in der Seele. Ich kenne nichts, was der damaligen Freude gleichkäme.“[143]

Doch diesen Schritt zu gehen, war nicht leicht. Die Taufbewerber „wurden beschimpft, geschlagen, verjagt, der Felder beraubt, mit dem Fluchtopf verflucht, den Geistern übergeben und mit allen Künsten der Überredung zum Rücktritt verleitet.“[144]

Natürlich freute sich der Missionar, wenn der Taufwunsch geäußert wurde. Leichtfertig wurde dem aber nicht stattgegeben. ‚Ich möchte ein Mensch Gottes werden‘ reichte beispielsweise nicht als Begründung.[145] Der Taufunterricht dauerte etwa ein dreiviertel Jahr.[146] In der Aufnahme wurde den Bewerbern gesagt: „Macht euch keinerlei Hoffnung auf irdischen Vorteil. Bedenkt die Forderungen, die an Christen gestellt werden. Wenn ihr die Taufe begehrt, müßt ihr lebendige Glieder der Gemeinde Gottes werden.“[147]

Die Ächtung durch das bisherige Umfeld und der aufwändige Unterricht hatten auch etwas Gutes. Missionsinspektor Martin Weishaupt formulierte es folgendermaßen: „Sonst stellen sich Massenübertritte ein, die noch niemals dem Christentum einen Gewinn gebracht haben.“[148]

Die Tauffeiern machten auf die Anwesenden oft einen so tiefen Eindruck, dass „sich in der Regel unmittelbar danach neue Taufbewerber meldeten“.[149]

143 Weishaupt: Gottes Spuren im afrikanischen Bergland, 39

144 a.a.O., 38

145 a.a.O., 36

146 a.a.O., 38

147 ebd.

148 ebd.

149 a.a.O., 39

Ringen um schwach gewordene Christen

Im neuen Leben waren die alten Versuchungen nicht sofort verschwunden. Um diesen entgegenzuwirken, wurden offen Kirchenzuchtmaßnahmen durchgeführt. Dazu gehörte der zeitweise Ausschluss vom Abendmahl[150], Amtsverlust[151], Gemeindeausschluss[152]. Solche Maßnahmen führten dazu, dass Menschen sich auch wieder von der Gemeinde und dem christlichen Glauben lösten.

Es galt: „Nein, Heilige sind unsere jungen schwarzen Christen nicht, wohl aber Geheiligte.“[153] Das Wissen darum war das eine, etwas dagegen zu tun, das andere: „eine heilsame Zucht der Herzen ist die Beichte, die natürlich als Privatbeichte geübt wird.“[154]

Erste Schritte zur Übergabe in einheimische Hände

Dem Ziel der Leipziger Mission entsprechend, einen einheimischen Lehrstand aufzubauen, wurden Predigtaufträge an getaufte Wachagga erteilt.

„Dabei gehen gewöhnlich zwei Leute, ein jüngerer, der lesen kann, und ein älterer, damit das Wort auch bei den Alten Beachtung findet. Diesen Selbstständigkeitstrieb

150 Protokoll der Ältesten- und Gemeindeversammlung der Gemeinde Madschame von der Sitzung am 24.02.1913

151 Protokoll der Ältesten- und Gemeindeversammlung der Gemeinde Madschame von der Sitzung am 29.01.1914

152 Protokoll der Ältesten- und Gemeindeversammlung der Gemeinde Madschame von der Sitzung am 03.03.1914

153 Weishaupt: Gottes Spuren im afrikanischen Bergland, 41

154 a.a.O., 43 – Für Luther gab es zwei Formen der Beichte: die Allgemeine Beichte und die Einzelbeichte. Letztere hat Luther keineswegs abgeschafft. Im Großen Katechismus heißt es: „Über solche öffentliche, tägliche und nötige Beichte ist nun diese heimliche Beichte, so zwischen einem Bruder allein geschieht, und soll dazu dienen, wo etwas sonderliches anliegt oder anficht“.

Kirchenvorsteher von Machame

Sammlung Emil Müller, Privateigentum Andreas Kecke, Bild-Nr. 003 0009

„Posaunenchor von Aruscha. Dirigent: Bartholomayo aus Wuga (ein Krüppel)“

Das Bild von Missionar Leonhard Blumer illustriert, wie auch Menschen mit körperlichen Behinderungen in die Gemeindearbeit integriert wurden.

Historisches Bildarchiv des Evangelisch-Lutherischen Missionswerkes Leipzig e.V., Album 4, Bild-Nr. 958

zu stärken, muß uns ein Anliegen sein. ‚Männer schafft man, wenn man ihnen Verantwortung auflegt'."[155]

Neben dem Verkündigungsdienst sollte auch bald auftragsgemäß die Verantwortung für die Gemeinden in einheimische Hände gelegt werden. 1906 wurde beschlossen, die Missionsgehilfen an der Konferenz der Chagga-Missionare teilnehmen zu lassen, „da es ja dem Missionswerk nur förderlich sein kann, wenn die Missionsgehilfen Teilnahme und Verständnis für alle auftauchenden Fragen haben oder gewinnen."[156] 1924 wurden in Machame auch fünf weibliche Hilfsgeistliche gewählt.[157]

Arbeit mit Kindern und Jugendlichen

Entscheidend für den Gemeindeaufbau war die Arbeit mit Kindern und Jugendlichen. Besonders wichtig und das „eigentliche Kennzeichen der werdenden evangelischen Volkskirche"[158] war der Konfirmandenunterricht.

> „Über Konfirmationsfragen sprach man bereits 1906, wo bezeichnenderweise auch alsbald die aus den volkskirchlichen Massengemeinden der Heimat stammenden Bedenken nach Afrika übertragen wurden, indem Schanz die Trennung von Unterricht und erstem Abendmahlsgang forderte."[159]

1912 bestand in allen größeren Gemeinden Konfirmandenunterricht. Kindergottesdienste für die schulpflichtigen Kinder wurden 1909 zuerst in Machame eingeführt – „mit gutem Erfolg"[160].

155 Weishaupt: Gottes Spuren im afrikanischen Bergland, 44
156 Evangelisch-Lutherisches Missionsblatt, Leipzig 1906, 247
157 Fleisch: Hundert Jahre lutherische Mission, 362
158 a.a.O., 307
159 ebd.
160 ebd.

> „Bezeichnend für die Lage war Pauls Wort 1914: ‚Wir werden uns bald vor die Notwendigkeit gestellt sehen, jede unserer Hauptgemeinden mit zwei vollen Arbeitskräften zu besetzen, deren einer die Gemeindepflege, der anderen die Evangelisation zufällt, damit der herandringende Strom nicht ins Stocken kommt'."[161]

Kirchenmusik

Mit den größeren Gemeinden ergaben sich auch mehr musikalische Möglichkeiten. So konnte zum Beispiel Schwester Elisabeth Seesemann einen Mädchenchor voranbringen und Lehrer auf dem Harmonium ausbilden.

Gerhard Althaus erinnert sich: „1908 gründeten wir einen Kindergarten für die noch nicht schulpflichtigen Christen-Kinder unserer Gemeinde. Fräulein Seesemann aus dem Baltikum verstand es ausgezeichnet, mit großer Liebe und viel Phantasie auch gerade in musischer Hinsicht die Kinder zu beschäftigen und zu fördern."[162] Bald gab es einen Posaunenchor. Das Geld für die ersten sechs Trompeten und Posaunen bekam Althaus nach einem Vortrag in Greiz 1905 überreicht.

161 ebd.
162 Althaus: Mamba – Anfang in Afrika, 100

„Tanz junger Aruschaburschen“

Initiations- und andere Tänze wurden vor allem von den pietistisch geprägten Missionaren kritisch gesehen. Mit der Zeit wuchs jedoch das Verständnis. So führte Bruno Gutmann einen Erntetanz wieder ein.

Historisches Bildarchiv des Evangelisch-Lutherischen Missionswerkes Leipzig e.V., Album 3, Bild-Nr. 770

Das Für und Wider von Traditionen

Die deutsche evangelische Mission hat es immer als eine Ehrensache betrachtet, dem Volke, unter dem sie arbeitet, das Wort Gottes in seiner Sprache zu bringen. Man hat behauptet, die Missionare machten sich mit dem Sprachstudium zu große Mühe, [aber] das ist gewiß, daß man den Weg zum Herzen eines Volkes nur findet, wenn man seine Sprache spricht.

Missionsinspektor Martin Weishaupt, Gottes Spuren im afrikanischen Bergland, o.J.

Die Leipziger Missionare legten großen Wert auf den weitgehenden Erhalt der lokalen Kultur. Sie sahen deutlich, welche Gefahr von der unvermittelt eindringenden europäischen Zivilisation ausging. Als Lutheraner versuchten sie nicht, Bräuche und Traditionen zu unterbinden.

Ganz im Sinne von Martin Luther förderten sie die jeweilige Muttersprache. Diese verkörperte die geistige Eigenart einer Bevölkerungsgruppe. Als erstes galt es, sie zu erlernen und zu erforschen. Emil Müller verfasste ein umfangreiches „Wörterbuch der Djaga-Sprache (Madjame-Mundart)".

Es gab aber auch Traditionen zum Schaden von Menschen, dem die Missionare entgegenwirkten. Dazu gehörte unter anderem das Töten von Zwillingskindern, der Glaube an folgenschwere Verfluchungen und die Beschneidung von Mädchen. Vor allem Letztere sollte durch Aufklärung, nicht durch Zwang, beseitigt werden.

Differenziert war der Umgang mit der Mehrehe. Viele der älteren und wohlhabenderen Männer waren mehrfach verheiratet und zögerten deshalb, Christen zu werden. Generell war es nach der Taufe für Männer nicht mehr möglich, eine weitere Frau zu heiraten.

„Dschagga-Männer mit Ohrlöchern"

Mit dem Durchbohren der Ohrlöcher und dem Entfernen von zwei Zähnen im Kindesalter verband sich der Wunsch nach Weisheit und respektvollem Verhalten.

Sammlung Emil Müller, Privateigentum Andreas Kecke, Bild-Nr. 009 0003

Die Welle der westlichen Zivilisation erfordert eine Vorbereitung

Die „sozialen Bande" der Schüler sollten „sorgfältig geschont und gepflegt werden". „Auf diesem Wege ist der sonst drohenden großen Gefahr zu begegnen, dass der Afrikaner durch die Einflüsse der so unvermittelt auf ihn eindringenden Europäischen Zivilisation seelisch entwurzelt wird. Die Gewohnheiten des Familienlebens, dem der Eingeborne angehört, die Anschauungen, Sitten und Bräuche, die sozialen Institutionen des Stammes, unter dem der Erzieher wirkt, müssen sorgfältig erforscht werden, und alles, was sich als gesund daran erweist, hat den Boden zu bilden, auf dem das Gebäude der Erziehung auszuführen ist."

Beilage Nr. 3 zum Protokoll der I. (XXX.) Konferenz zu Madschame 3. bis 7. September 1925

„[Wir] legen überhaupt den Brüdern größte Vorsicht bei Bekämpfung äußerlicher Bräuche ans Herz, damit nicht der den Heiden so nahe liegenden Meinung Vorschub geleistet werde, als wenn das Wesen des Christentums in der Unterlassung bestimmter Bräuche und der Übung anderer Ceremonien bestehe."

Beschluss Nr. 76 der XVIII. Konferenz vom 13. bis 21. Dezember 1903 in Moshi

„Gutmann in Sango"

Missionar Bruno Gutmann steht in einer im Chagga-Rundhausstil erbauten Kapelle. Gutmann war es außerordentlich wichtig, die lokalen Traditionen und Riten zu beachten, zu verstehen und zu erhalten.

Historisches Bildarchiv des Evangelisch-Lutherischen Missionswerkes Leipzig e.V., Druckmusterbogen IIIa, Nr. 2

Die Leipziger Missionare als Bewahrer von Tradition

Missionsgeschichte hat es einen sehr unterschiedlichen Umgang der jeweiligen Missionare mit den vorgefundenen Traditionen gegeben. Das ist ihren unterschiedlichen Konfessionen und Wirkungsorten geschuldet. Ferner hat es bei den aussendenden Werken auch einen Willen gegeben, aus Fehlern zu lernen. Folgender Rückblick beschreibt die Auswirkungen der Arbeit der von Leipzig ausgesendeten Missionare am Fuß des Kilimanjaro:

> „Was erschwerte die Anfänge der Mission? Einmal die Frage nach dem afrikanischen Erbe. Es gab Missionare, die predigten sozusagen gegen alles, was afrikanisch war. Die afrikanischen Tänze nannten sie böse und unmoralisch, die traditionelle Kleidung heidnisch, und am afrikanischen Glauben ließen sie nichts Gutes ... Daß das Chaggaland heute weithin christlich ist, mag auch daher rühren, daß hier andere missionarische Ansätze zum Tragen kamen, daß hier afrikanische Überlieferung erforscht und in den Dienst der Glaubensverkündigung und Gemeindebildung genommen wurden."[163]

Nahezu unstrittig in der Wissenschaft sind die Leistungen der Missionare als Bewahrer der Volkssprachen. Heute gibt es weltweit nicht nur ein großes Artensterben, sondern – viel weniger beachtet – auch ein großes Sprachensterben. Mit dem Aussterben der Sprachen gehen auch wesentliche Teile der betreffenden Kultur verloren. Wenn Lieder nicht gesungen und Bräuche nicht mehr praktiziert werden, fallen sie aus dem Bewusstsein.[164]

Erschwerend ist, dass die jeweiligen Sprachen nur von verhältnismäßig kleinen Bevölkerungsgruppen gesprochen werden. Allein unter den Wachagga, die eine Bantusprache haben, gab es vier Dialekte, „die so stark voneinander abweichen, daß die Leute von Mwika mit denen von Schira sich kaum mehr verständigen können".[165] Wiederum verstehen die Menschen aus Machame die weiter entfernt lebenden Wameru, die auch verwandte Sitten haben. Die Bewohner von Arusha sind sprachlich mit den Maasai verwandt.[166]

Martin Luther hat in seinem „Sendschreiben vom Dolmetschen" empfohlen, dem Volk „aufs Maul zu schauen". Nichts anderes blieb den Missionaren übrig. Besondere Gelegenheiten boten auch hier die Kostschulen. Nicht selten wurden die Jungen gebeten, Wörter und Wortgruppen und deren Bedeutung vorzusagen. So wurde der Lehrer zum Schüler und umgekehrt. Wörterverzeichnisse wurden erstellt. Missionar Johannes Raum veröffentlichte 1909 die erste Grammatik der Chagga-Sprache.[167]

163 Dr. Jackson Anaseli Malewo, Nach hundert Jahren, in: Althaus: Mamba – Anfang in Afrika, 129f

164 In Deutschland gibt es nur noch wenige Gelegenheiten, die Tragweite diesen Verlustes zu erahnen. Man müsste etwa in die wenigen katholisch sorbischen Dörfer der Oberlausitz fahren und dort zum Gottesdienst gehen bzw. zu Familienfeiern eingeladen werden.

165 Weishaupt: Gottes Spuren im afrikanischen Bergland, 18

166 ebd.

167 a.a.O., 33

Frauen am Berg Meru

Das Bild „Frauen am Berg Meru" von 1906 zeigt, dass traditionell sparsame Kleidung nicht verteufelt wurde.

Sammlung Emil Müller, Privateigentum
Andreas Kecke, Bild-Nr. 003 0005

„Westlichere" Kleidung

Sammlung Emil Müller, Privateigentum
Andreas Kecke, Bild-Nr. 005 0010

Bruno Gutmann sammelte als Missionar Erzählungen der Wachagga und gab sie im „Volksbuch der Wadschagga" heraus. Er hat damit, vergleichbar mit den Gebrüdern Grimm für den deutschsprachigen Raum, diese Geschichten bewahrt und für deren Verbreitung gesorgt.

Missionar Althaus war ein Vorkämpfer für christliche Chagga-Namen.[168] Um zu verdeutlichen, dass mit der Taufe ein neues Leben beginnt, erhielt jeder in der Taufe einen neuen Namen. Die Taufbewerber konnten sich diesen auswählen. Die letzte Entscheidung lag aber beim Missionar. Namen aus dem Alten oder Neuen Testament waren dabei nicht erwünscht, die Täuflinge sollten sich Namen aus ihrer eigenen Sprache aussuchen.[169]

Neben Althaus war in dieser Sache Bruno Gutmann besonders engagiert. Er erreichte „einen Gemeindebeschluss, nur noch Namen in der Landessprache zuzulassen".[170] Dieses persönliche Engagement wirkte eine gewisse Zeit. „Vor allem in den Gemeinden Mamba und Moschi (später Old Moshi) haben sich Heiden bei der Taufe vor allem mit Dschagganamen benennen lassen, und zwar bis zum Beginn des zweiten Weltkrieges."[171] In anderen Gemeinden wurde dem Drängen nach biblischen Namen nachgegeben, in dem die biblischen Namen der Chagga-Sprache (Kichagga) angeglichen wurden, wie zum Beispiel Petrus-Petiro, Natanael-Natanaeli, Christus-Kirisito.[172]

„Kleiderkampf"

Mancher Jugendliche suchte seine Unabhängigkeit dadurch zu vergrößern, dass er entfernte Arbeitsplätze bei Farmern suchte. So konnte der *Mangi* sie nicht mehr wie früher zu den Fronarbeiten heranziehen. Außerdem gab es jetzt Beschwerdeinstanzen, wie das Bezirksamt, so dass die unumschränkte Gewalt der *Mangi* reduziert wurde. Das selbstverdiente Geld machte selbstbewusst und unabhängig.

Dadurch stieg die Neigung, die Europäer nachzuahmen, unter anderem mit der Kleidung.[173] Missionar Leonhard Blumer schreibt im Bericht über das Jahr 1926 in Arusha:

> „Als ich nach meinem Urlaub den ersten Gottesdienst hielt, da merkte ich, dass eine ganze Anzahl von Frauen und Mädchen mit aufgesetzten Filzhüten und zwar Männerhüten in der Kirche waren. Es sollte wohl eine Nachahmung der europäischen Frauen sein. Bisher hatte ich noch nie gesehen, dass eingeborene Frauen draußen oder im Hause irgendwelche Kopfbedeckung trugen. Ich bat, sofort von dieser Unsitte zu lassen, da ich weder ihre Begründung noch ihre Notwendigkeit oder Zweckmäßigkeit einsehen könne und wir in unseren Christen zum gaudium der übrigen Welt keine Karikaturen sehen wollen."[174]

Dies entsprach der Erfahrung, die Missionar Gerhard Althaus gemacht hatte:

168 Fleisch: Hundert Jahre lutherischer Mission, 305
169 Weishaupt: Gottes Spuren im afrikanischen Bergland, 39
170 Fleisch: Hundert Jahre lutherischer Mission, 306
171 Klaus-Peter Kiesel per E-Mail mit Hinweis auf die Taufbücher
172 Fleisch: Hundert Jahre lutherischer Mission, 305 – Wer heute der Einladung folgt, unsere christlichen Geschwister am Kilimanjaro zu besuchen, dem wird die Fülle der biblischen Namen auffallen. Diesen Kampf haben die Missionare verloren.
173 Fleisch: Hundert Jahre lutherischer Mission, 282
174 Jahresbericht Arusha 1926 von Blumer, 5f; Archiv der Franckeschen Stiftungen, ALMW II.32.13

Sammlung Emil Müller, Privateigentum
Andreas Kecke, Bild-Nr. 005 0016

Sammlung Emil Müller, Privateigentum
Andreas Kecke, Bild-Nr. 016 0019

„Wir waren der Auffassung, daß sie nun nicht mehr halb oder ganz nackt gehen konnten, sondern sie sollten sich so kleiden, daß das Schamgefühl nicht verletzt wurde ... Eine gewisse Tendenz zur Mode spielte schon bald eine Rolle. Die jungen Leute wollten sich oft nicht mit dieser Kleidung begnügen. So kauften sie sich von italienischen oder arabischen Händlern für teures Geld wollene Anzüge, z.T. lange, schwarze Röcke, Stiefel, Gamaschen, Hüte, einen türkischen Fes. Sie sahen drollig darin aus und gaben die Vorbilder für Zeitungs-Karikaturen ab. Wir konnten das nicht gutheißen und gaben ihnen dies auch gelegentlich zu verstehen."[175]

Nach der zeitweiligen Ausweisung der Missionare im Zuge des ersten Weltkrieges hatte sich die Situation in den 1920er Jahren weiterentwickelt:

„Da konnte dann etwa auch die Kleiderfrage Not machen, und wenn Missionare gegen die Europäisierung vorzugehen suchten, hieß es wohl: ‚Sie gönnen es uns nur nicht.'"[176]

175 Althaus: Mamba – Anfang in Afrika, 51

176 Fleisch: Hundert Jahre lutherischer Mission, 415

Bier brauende Frauen

Diese Aufnahme der Bier brauenden Frauen beweist, dass der Alkohol nicht durch die Europäer eingeführt wurde. Die alkoholische Gärung hatten die Wachagga selbst schon lange entdeckt. Da das Trinken des „Pombe" viele Familien zerrüttete, warnten die Missionare davor. Aus diesem Grund empfiehlt die Lutherische Kirche in Tansania bis heute, keinen Alkohol zu trinken. Und immer noch setzen viele Männer die wenigen Mittel der Familie in den behelfsmäßigen Bars in „Banana-Bier" um.

Sammlung Emil Müller, Privateigentum Andreas Kecke, Bild-Nr. 009 0019

Nicht erhaltenswürdige Traditionen

Neben den vielen Bemühungen, die Menschen vor Ort dazu zu bewegen, nicht blindlings alle mit der westlichen Welt kommenden Erscheinungen zu übernehmen und damit ihre Tradition aufzugeben, gab es auch einige Traditionen, gegen die Missionare vorgingen. So forderten sie die Monogamie bei Christen und bekämpften den Alkoholmissbrauch.

Weibliche Genitalverstümmelung

Die Missionare wurden schon sehr bald mit dem Phänomen der Beschneidung an Jungen und Mädchen konfrontiert. Beachtenswert ist, dass es auch bei der männlichen Beschneidung Praktiken mit erheblichen körperlichen Gefahren gegeben hat. Erste Überlegungen, wie damit umzugehen sei, finden sich im Brief von Emil Müller an Direktor Karl von Schwartz[177] geschrieben am 16. Juni 1896 in Machame[178]. Dabei berichtet er: „Die Beschneidung des männlichen Geschlechtes mit beträchtlichen Altersunterschieden wird vom Häuptling befohlen, der vorher die Zauberer, die ihrerseits die Geister ausforschen, befragt hat." Die Gebete der Betroffenen sind von der Angst geprägt, zu stark zu bluten oder zu weinen.

Bei der Beschneidung von Männern wird zwischen der Bantu-Art und der Maasai-Art unterschieden. Die Missionare sahen die Letztere kritisch. „Dabei wird die Vorhaut aufgeschnitten und unter der Spitze des Penis wie zu einem kleinen Säckchen zusammengetan ... Jedenfalls sieht es später so aus, als ob der Penis zwei Kappen hat."[179]

Weniger Bedeutung scheint im Leben der Wachagga die Mädchenbeschneidung zu haben, die aber den Missionaren problematischer erscheint. Wie die Leipziger Missionare später damit umgehen, deutet sich in folgendem Satz Emil Müllers an: „Ich halte es für viel schwieriger das weibliche Geschlecht zu bekehren, sonderlich weil man sehr vorsichtig die rechte Gelegenheit zur Predigt suchen muss."[180] Es sollte also auf die Überzeugungskraft des Wortes vertraut werden, nicht auf Verbote oder Restriktionen. Die wesentliche Problematik bestand aber darin, dass die Beschneidung bei der Eheschließung vorausgesetzt wurde.

> „Damals konnte kein unbeschnittenes Mädchen heiraten. Es war eine große Schande, wenn ein unbeschnittenes Mädchen schwanger wurde. Daher wurden die Mädchen gleich nach der ersten Menstruation beschnitten."[181]

Gerhard Althaus sieht in der Beschneidung keinen religiösen Akt, der sonst bei jeder Gelegenheit vorgenommen wurde, da es dabei kein Kuh- oder Ziegenopfer gab.[182]

177 Direktor der Leipziger Mission von 1891 bis 1911. Er galt als „geistiger Vater der Dschaggamission". Zitiert nach Hans-Ludwig Althaus in Althaus: Mamba – Anfang in Afrika, 122 f.

178 Archiv der Franckeschen Stiftungen zu Halle, ALMW II.32.71

179 Krause: Tagebuch der Missionsstation Nkoaranga, 373

180 Archiv der Franckeschen Stiftungen zu Halle, ALMW II.32.71

181 Krause: Tagebuch der Missionsstation Nkoaranga, 79

182 Evangelisch-Lutherisches Missionsblatt, Leipzig 1897, 256

Im Bericht über die 17. Konferenz der Chagga-Missionare heißt es:

> „Am Freitag folgte eine Besprechung unserer Stellungnahme zur Beschneidung, der ein eingehendes Referat Br. Müllers zu Grunde lag. Da die Beschneidung an sich dem Evangelium nicht widerspricht, so würde man auf lutherischer S. von vornherein geneigt sein, sie bestehen zu lassen, wo sie einmal Volkssitte ist. Es wäre aber falsch, die Beschneidung der Neger mit der alttestamentlichen Beschneidung vergleichen zu wollen. Bei den Negern gilt sie nur als Mannbarkeitserklärung; sie wird hier durchaus nicht etwa als Sinnbild der Herzensreinheit angesehen, sondern ist im Gegenteil mit unsittlichen Bräuchen verbunden. Vom ärztlichen Standpunkt aus wurde geltend gemacht, daß die Weise, in der sie ausgeführt wird, oft lebensgefährlich sei. Der Referent betonte, daß wir gern die Volkssitten erhalten möchten, leider aber wie bei so vielen andern auch bei dieser einsehen, daß sie nicht wert sei, erhalten zu werden, da sie (unter den Heiden) durch und durch mit Sünde verquickt sei, und die Konferenz konnte ihm darin nur beistimmen. So wurde beschlossen, bei unseren Christen auf das Unterlassen der Beschneidung hinzuwirken, jedoch nicht die Taufe davon abhängig zu machen – Wenn einer meint, sich ihr ohne Sünde unterziehen zu können, so haben wir kein Recht, ihn zu hindern – sonst aber unsre Autorität gegen diese Sitte geltend zu machen.“[183]

Es wurden also keine Sanktionen beschlossen, wie zum Beispiel die Verweigerung der Taufe.

Auf der 18. Konferenz der Chagga-Missionare fand die Beschneidungsdebatte unter Anwesenheit des Direktors statt. Dabei wurde auf regionale Unterschiede bei der Praxis eingegangen. In Nord-Pare wurde sie zum Beispiel „an kleinen Kindern im Alter von etwa fünf Jahren“, im Chagga-Lande an „schon halb Erwachsenen“ vollzogen.[184] In Arusha gab es dafür ein Beschneidungsfest. Nach einer entsprechenden Nachfrage bekam der Missionar die Antwort: „Er (der *Mangi*) beschneidet morgen seine Mädchen.“ Bei dieser Gelegenheit wurden viel Alkohol getrunken und sexuelle Handlungen vollzogen. „Solange der Mann oder die Frau noch nicht geheiratet hat, herrscht vollständig ‚freie Liebe‘, die Unzucht gilt nicht im mindesten als etwas schlechtes.“[185]

Die Ansichten der Missionare teilten sich:

> „die eine will den Brauch, den an sich keiner erhalten sehen möchte, sich ab- und überleben lassen; die andere will ihn rasch beiseite tun. Erstere glaubt die lutherischen Grundsätze in der Behandlung der Mitteldinge am besten zu wahren, letztere hat wesentlich erzieherische Zwecke im Auge: Unsere Christen und die unreifen, halbwüchsigen Schüler und Schülerinnen sollen nicht gewissermaßen von rechtswegen monatelang mit dem Gedanken an den Brauch der Beschneidung umhergehen.“[186]

Missionar Robert Faßmann stellte einen Antrag für die schnellere Abschaffung. Die Abstimmung darüber wurde vertagt. Die meisten Brüder schienen aber für eine mildere Praxis zu sein.[187]

Im Schreiben an den Missionsrat vom 24. Juni 1905 wurde auf eine Unzulässigkeit aller Majoritätsbeschlüsse hinsichtlich eines Beschneidungsverbotes auf der Konferenz oder in einzelnen Gemeinden hingewiesen.

183 Evangelisch-Lutherisches Missionsblatt, Leipzig 1903, 462

184 Evangelisch-Lutherisches Missionsblatt, Leipzig 1904, 145

185 Evangelisch-Lutherisches Missionsblatt, Leipzig 1905, 251

186 Evangelisch-Lutherisches Missionsblatt, Leipzig 1906, 248

187 a.a.O., 249

Die Begründung lautete: „Durch Zwang einen sittlichen Fortschritt herbeizuführen" sei von Übel. Dies würde auch nicht dem reformatorischen zentralen Gedanken entsprechen, dass vor Gott nur der Glaube gilt, „das heisst doch auch, dass jeder religiös-sittliche Fortschritt bedingt ist durch eigene persönliche Entscheidung". Ferner wurde auf das Wort des Apostels Paulus im Ersten Korintherbrief (7,19) verwiesen: „Die Beschneidung ist nichts und die Vorhaut ist nichts, sondern Gottes Gebot halten".[188]

Im Bescheid vom 14. Juni 1907 wurde später der Grundsatz formuliert:

> „Will man aus guten Gründen darauf hinwirken, dass sie (die Beschneidung) bei Christen in Abgang komme, so darf dies doch nur auf dem Wege seelsorgerlicher Beratung, nicht aber durch Zwangsmittel geschehen".[189]

1913 waren größere und im Glauben gefestigte Gemeinden entstanden. Die Beschneidung beider Geschlechter hatte in ihnen den Stand einer geduldeten Praxis.[190] Während der 29. Missionars-Konferenz in Schigatini gab es wieder eine Initiative von Missionaren, es nicht bei diesem Zustand zu belassen.

Missionar Martin Schachschneider hielt ein Referat zur Problematik, dass die Mädchenbeschneidung häufig im Zusammenhang mit deren Konfirmation stattfand. Die Mädchen hatten in den Kostschulen, also den von den Missionaren verantworteten Schulen mit Internat, eine christliche Erziehung durchlaufen und entschieden sich zum Zeitpunkt ihres christlichen Lebensbekenntnisses für diesen Akt der Genitalverstümmelung. „Man kann sich auch des schmerzlichen Eindruckes nicht entziehen, daß in den jungen Menschenkindern etwas getötet wird, was nie wieder gut zu machen ist."[191]

Missionar Schachschneider wendete sich auch gegen Vorschläge auf eine Verlegung der Prozedur in ein jüngeres Lebensalter.[192]

188 „So entschieden jede Teilnahme an unsittlichen Dingen aus Gottes Wort zu strafen ist, so wenig sind Sie befugt, in bezug auf die adiaphora Ihre Gemeindeglieder anders zu beraten, als mit der bestimmten Unterscheidung St. Pauli: ‚So sage ich, nicht der Herr.' Wären doch weder Sie noch wir in der Lage, einem Missionar, der etwa aus sanitären Gründen seine Kinder beschneiden ließe, daran zu hindern." Schreiben an den Missionsrat vom 24.XI.05, No.12,Ziffer 2., in: Zusammenstellung der wichtigeren Bestimmungen für die Missionare der Ev.-Luth. Mission, soweit sie von allgemeiner Bedeutung sind, 13, Archiv der Franckeschen Stiftungen zu Halle, ALMW II.32.61

189 „Die Konferenz hat kein Recht, dem einzelnen Auflagen zu machen, für die sich in den bestehenden Ordnungen kein Anhalt findet. Übrigens würde auch keiner unserer Christen verpflichtet sein, seine Entscheidung über die Beschneidung seines Kindes von der Einwilligung seines Missionars abhängig zu machen. Darüber besteht ja unter uns kein Zweifel, dass die Beschneidung an sich keine Sünde ist. Will man ..." Bescheid auf die XX. Konferenz vom 14.VI.07 in: Zusammenstellung der wichtigeren Bestimmungen für die Missionare der Ev.-Luth. Mission, soweit sie von allgemeiner Bedeutung sind, 12, Archiv der Franckeschen Stiftungen zu Halle, ALMW, II.32.61

190 „Besteht das unseren Gemeinden auferlegte und gewaltsam durchgeführte Beschneidungsverbot vor dem Evangelium zu Recht?" Korreferat von Schachschneider, Dresden, 20. März 1926; Archiv der Franckeschen Stiftungen zu Halle, ALMW / II.32.47. 1. Teil

191 Die Mädchenbeschneidung innerhalb unserer Gemeinden, mit besonderer Beziehung auf die Konfirmation. Martin Schachschneider 12.08.1913, Seiten 4-5; Archiv der Franckeschen Stiftungen zu Halle, ALMW II.32.47. 1. Teil

192 „Wir würden damit aber nur scheinbar den Schwierigkeiten aus dem Wege gehen, denn 1. liegt die große Gefahr nahe, daß sich

Nachlass Missionar Gerhard Althaus, Privateigentum Dorothea Althaus-Pultke

Im Anschluss hielt Schwester Elisabeth Seesemann ihr Referat. Sie war 1911 als Diakonisse nach Afrika zurückgekehrt und arbeitete nun als Krankenschwester in Nkoaranga. Anders als bei ihrem ersten Ostafrikaeinsatz in Mamba unterhalb des Kilimanjaro wurde sie nun am Meru mit der vollen Wucht der Problematik konfrontiert. Regelmäßig vor Weihnachten bat eine Gruppe von Internatsschülerinnen um die Erlaubnis, sich beschneiden lassen zu dürfen.[193]

Es ist anzunehmen, dass zu dieser Gelegenheit erstmalig in dieser Runde von Männern beschrieben wurde, was bei diesem Vorgang passiert. Schwester Seesemann berichtet:

> „Natürlich entblößt sich das Mädchen erst völlig, gewöhnlich mit einer Selbstverständlichkeit, die erstaunlich ist. Wenn es manchmal nicht genügend die Beine spreizt, so geschieht das nicht aus Scham sondern aus Furcht. Aber dieser Fall tritt sehr selten ein. Und nun schärft die schmutzige alte Frau ihr kleines Messer an ihrem schmutzigen Fell und entfernt den Kitzler und die ganzen inneren Schamlippen. Keinen Laut gibt ein Mädchen bei der Operation von sich, nur windet es sich manchmal leise vor Qual. Bei der Beschneidung feige zu sein gilt als große Schande. Um das Blut fortzuspülen und die Wunde nun besser übersehen zu können, nimmt die Frau Wasser in den Mund und speit dies auf der Wunde aus. Ungewaschen wird dasselbe Messer bei sämtlichen zu beschneidenden Mädchen benutzt, nur dazwischen wird es am schmutzigen Fell von neuem gewetzt. Daß nicht sämtliche Kinder bei diesem Mangel jeglicher Sepsis und Antisepsis an Blutvergiftung zu Grunde gehen, erscheint mir ein Wunder und eine Gnade von Gott."[194]

Weiterhin berichtete sie von Wundverbänden, mit denen Schwester Friederike Steinacker Nachblutungen zu verhindern suchte. Wie tief die Mädchen diese Praxis verinnerlicht haben, zeigt Schwester Seesemann anhand eines Beispiels:

> „In diesem Jahr war unter den Beschnittenen eine Katechumenin – ein nettes, größeres Mädchen. Wer beschreibt meinen Schrecken, als dieses Mädchen eines Morgens fehlt! Wo ist sie hin? Ja, da kam es heraus. Sie wäre nicht genügend beschnitten worden, die alte Frau hätte nur einen Teil des zu entfernenden entfernt, sie aber wollte ‚richtig' beschnitten werden und war deshalb nach Hause gelaufen."

Sie unterzog sich also ein zweites Mal dieser „Operation".

> „Wie mochte sie und ihre Genossinnen sich vor ihrer Flucht selbst und gegenseitig betrachtet und untersucht haben um den Mangel der Beschneidung feststellen zu können! Wie haben sie darüber beraten und geredet! Die ganze Sache fordert das ja auch geradezu heraus. Und wir gestatten die Sache, die die Schamlosigkeit in Wort, Werk und Gedanken fördert. Ja, hier am Meru

dann die ... Sitte in den Gemeinden einbürgert ...." Die Mädchenbeschneidung innerhalb unserer Gemeinden, mit besonderer Beziehung auf die Konfirmation. Martin Schachschneider 12.8.1913, 7; Archiv der Franckeschen Stiftungen zu Halle, ALMW II.32.47. 1. Teil

193 „Vor Weihnachten habe ich sie kurz abgewiesen, aber im Januar oder Februar ist die Beschneidung dann vorgenommen worden von einer alten heidnischen Beschneiderin, einmal – solange ich am Meru bin – in meinem, einmal in Schwester Friederikes und meinem Beisein, und zwar weil das nicht anders hier möglich ist, auf der Missionsstation." Die Mädchenbeschneidung und ihre Gefahren, Schwester Elisabeth Seesemann, 29. Konferenz in Schigatini 1913; Archiv der Franckeschen Stiftungen zu Halle, ALMW II.32.100

194 ebd.

„Beschneidungsmädchen aus Aruscha"

Historisches Bildarchiv des Evangelisch-Lutherischen Missionswerkes Leipzig e.V., Album Leonhard Blumer (1878-1938), 18-114

sind wir durch die Verhältnisse dazu gezwungen, den ganzen Schmutz durch unsere Gegenwart bei der Beschneidung gewissermaßen zu sanktionieren, jedenfalls gutzuheißen! Ich scheue mich vor keinem heidnischen Gräuel, wenn ich ihn bekämpfen kann; ich kann aber nicht dazu mithelfen, daß er gedeiht. Verträgt sich die Mädchenbeschneidung mit dem Christentum?"

Im Anschluss formulierte sie als Erzieherin der Mädchen den Wunsch,

„daß die Mädchenbeschneidung nicht mehr gestattet wird. Man kann mir entgegnen: Es handelt sich um eine alte Sitte, die tief im Volk wurzelt. Ja. Aber sie widerspricht den Forderungen des Christentums".[195]

Sie richtet diese dringende Bitte an die Missionsleitung, selbst wenn der Preis ein verlangsamtes Wachstum der Gemeinden sein sollte.

Die anschließende Aussprache führte zu dem Beschluss, die Abschaffung der Beschneidung beider Geschlechter zunächst mit einer Gemeinde auf deren Gemeindeversammlung zu verhandeln. Eine solche Erprobungsgemeinde sollte in den Paregemeinden gesucht werden.[196]

Es fanden in den vier Paregemeinden Schigatini, Gonja, Mbaga und Wudee Gemeindeversammlungen statt, die alle einstimmig für die Abschaffung der Beschneidung votierten. Missionar Schachschneider berichtet darüber:

„Die Verhandlung meiner Wudee-Gemeinde steht mir noch lebhaft vor Augen, wie mir auch die Rede meines Lehrers Tuvana unvergesslich bleiben wird, in der er über den Akt der männlichen und weiblichen Beschneidung mit solcher Offenheit redete, dass mir als Europäer die Schamröte im Gesicht aufstieg. In den verschiedensten Redewendungen wies er immer wieder auf das erste, nach Gottes Ebenbild geschaffene Menschenpaar hin, über dem Gott, wie auch über die ganze Natur, den Ausspruch tat: ‚Es war sehr gut.' (1. Mose 1,31) Die Beschneidung sei wie die Sünde, Krankheit und Tod auch eine Begleiterscheinung des Sündenfalls und müsse an denen, die aus der Gottesferne des Heidentums zur Kindschaft Gottes gelangt sind, in Wegfall kommen."[197]

Einen Beleg, wie Emil Müller eindringlich mit dem Mittel des Wortes in der eigenen Gemeinde der Genitalverstümmelung an Mädchen entgegentrat, können wir dem Protokoll der Ältesten- und Gemeindeversammlung der Gemeinde Machame von der Sitzung am 4. September 1913 entnehmen. Er berichtet zunächst von der Konferenz in Schigatini und kommt bald auf das zentrale Thema der Mädchenbeschneidung zu sprechen:

„Die Christen sollten es sich doch zur Pflicht machen, auf die Mädchenbeschneidung zu verzichten. Mögen die christlichen Eltern bei ihren christlichen Kindern damit den Anfang machen. Ihr Jünglinge, die ihr Christen geworden seid oder es werden wollt, verlangt das nicht von euren Bräuten! Denn dies ist keine Sitte, sondern eine Unsitte eures Volkes, abgesehen von den Gefahren leiblicher und seelischer Art für die Beteiligten. Ihr Ältesten der Gemeinde, ihr Erzieher und Lehrer, haltet es mit uns für unsere seelsorgerliche Pflicht, dass dieser Missbrauch abgeschafft wird. Be-

195 ebd.

196 Korreferat. Besteht das unseren Gemeinden auferlegte und gewaltsam durchgeführte Beschneidungsverbot vor dem Evangelium zu Recht? Dresden, den 20. März 1926, Missionsinspektor Pfr. Michel, 4; Archiv der Franckeschen Stiftungen zu Halle, ALMW II.32.47

197 ebd.

sprecht diese Sache allen Ernstes zunächst unter euch, dann auch mit gereifteren Gemeindemitgliedern, bis wir es vielleicht mal in einer Gemeindeversammlung verhandeln ... ´Ein hartes Ding` meinten sie alle, aber es freute mich doch zu hören, dass die christlichen Eltern in dieser guten Sache voran gehen müssten mit gutem Beispiel. Wie verträgt sich z. B. Konfirmation mit Mädchenbeschneidung."[198]

Weiterhin Zwangsmaßnahmen ablehnend, findet sich ein halbes Jahr später folgende Protokollnotiz von Emil Müller: „Ndesinros Tochter Ndekemyo kann beschnitten werden unter den üblichen Einschränkungen."[199]

In der Folge des Ersten Weltkrieges mussten alle deutschen Missionare das Missionsgebiet verlassen. Einheimische Personen, „Älteste" genannt, übernahmen die Gemeindeleitungen. Die Mission hatte schon einige Zeit vorher die ersten „Ältestenräte" unter Vorsitz eines Missionars geschaffen.

1922 beschloss die von Emil Müller gegründete Gemeinde Madschame das Beschneidungsverbot. Es folgte die Masama-Gemeinde. Beide sind Gemeinden am Kilimanjaro. 1923 tagte die nun ausschließlich aus afrikanischen Christen bestehende Ältesten-Konferenz in Moshi, auf der sich die Teilnehmer die Meinung des Ältesten Lazaro von Arusha aneigneten. Sie beschlossen einstimmig, die Beschneidung zu verbieten. Für alle, die das Verbot übertraten, wurden Kirchenstrafen festgelegt. Diese lauten:

„Ausschluss vom Abendmahl. Verbot der Christenversammlungen. Schandtrauung und Verweigerung von Taufpaten für Kinder eines durch Uebertretung des Beschneidungsverbots in Kirchenzucht Genommenen. Ablehnung eines christlichen Geleites für einen im Beschneidungsbann Verstorbenen."[200]

Ferner wurde die nun englische Kolonialregierung gebeten, die *Mangi* des Kilimanjaro-, des Meru- und des Parebezirkes zu beauftragen, alle Stammesgenossen zu bestrafen, die ein Christenkind gegen den Willen des Vaters beschneiden.

Dieser Beschluss entsprach nun ganz und gar nicht dem Prinzip der deutschen lutherischen Missionare, diese Volkssitte durch Aufklärung, also durch die Macht des Wortes von innen heraus, abzuschaffen und nicht durch die Anwendung von Zwangsmitteln.

Emil Müller hatte die Gemeindeleitung an Solomon Nkya übergeben. Dieser wendet sich, um weitere Beschneidungen zu verhindern, an englische Regierungsbeamte in Moshi. Diese verbieten dem *Mangi* unter Strafandrohung die gewaltsame Beschneidung. Als dies die Dorfbewohner von Machame erfahren, waren diese zum Teil sehr verärgert. Solomon Nkya berichtete ferner: „Und mir gaben sie den Namen: ‚Es ist ein neuer Häuptling aufgestanden!'"[201]

In der folgenden Zeit durften deutsche Missionare wieder einreisen. Auf der ersten Chagga-Konferenz, die vom 3. bis 7. September 1925 stattfand, war die

198 Protokoll der Ältesten-und Gemeindeversammlung der Gemeinde Madschame von der Sitzung am 04.09.1913

199 Protokoll der Ältesten-und Gemeindeversammlung der Gemeinde Madschame von der Sitzung am 03.03.1914

200 Korreferat, a.a.O., ALMW II.32.47

201 Beilage zur Beschneidungssache. Gemeindehelfer Solomon Nkya unterm 12. August 1923, übersetzt von Pfarrer Emil Müller, Königsfeld; Archiv der Franckeschen Stiftungen zu Halle, ALMW / II.32.47., 1. Teil

Auseinandersetzung mit dieser Problematik das zentrale Thema. Am Ende wurde das Beschneidungsverbot und damit auch die Strafmaßnahmen wieder aufgehoben. Dies geschah unter besonderem Engagement von Bruno Gutmann. Die Mediziner warnten dagegen, dass die Narben die Geburten erschweren.[202] Gutmann hielt am ersten Nachmittag einen Vortrag zum Thema, in dem er unter anderem davor warnt, dass die Beibehaltung des Beschneidungsverbotes in den christlichen Gemeinden dem Islam in die Hände spiele. In der Debatte am Vormittag des nächsten Tages „begibt sich" die Konferenz „zu den Lehrern und Ältesten".[203] Dabei muss es zu erbosten Äußerungen der afrikanischen Vertreter gekommen sein.[204] Das Protokoll des letzten Tages lautet folgendermaßen:

> „Montag, 7. Sept.
> In Gegenwart aller Missionare, auch der Augustanabrueder wurde noch einmal mit den Eingebornen verhandelt; Nachdem diese darum ersucht und fuer das Betragen einiger Vorlauter um Entschuldigung gebeten hatten. Der Lehrer Anton verlas den von den Eingebornen gefassten Beschluss. Laut diesem Beschluss beharren sie in ihrer ablehnenden Stellung gegenueber der Beschneidung. Sie heben zwar die frueheren harten Strafbestimmungen auf, wollen aber zwei neue mildere einfuehren.[205] Die Missionare verweisen sie auf den evang. Weg. – Es wird schliesslich ein vollkommenes Einvernehmen zwischen den Missionaren u. Ältesten erzielt. Und die Eingeborenen dankten den Missionaren bes. auch Br. Gutmann. – Es ist folgendes Verfahren gegenueber der Beschneidung ins Auge gefasst: Die 2 Merugemeinden stehen fuer sich. Ihr Kampf gegen den Greuel [sic!] der Massaibeschneidung ist begleitet von den Sympathien aller Gemeinden und ihrer Missionare. Den Dschaggagemeinden soll die Beschneidung nicht verboten sein, sie wird aber auch nicht von Gemeinde wegen als erlaubt gelten. Will ein Christ sich beschneiden lassen, so soll er darauf hin gewiesen werden, dass er einen Brauch vollzieht, dessen Beseitigung die Gemeinde anstrebt. Er handelt vollstaendig auf eigene Verantwortung."[206]

Nach der Aufhebung der Strafmaßnahmen kam es in Machame offensichtlich zu Forderungen, die frühere Praxis wieder aufzunehmen, die Beschneidung unter Aufsicht von Gemeindeältesten durchzuführen – was mit der Schonung des Volkstums begründet wurde. Missionar Johannes Raum wollte keinen Zweifel daran lassen,

> „dass wir in der hiesigen B. einen Auswuchs am Stamm ihres Volkstums erblicken müssen ... Ich wüsste nicht zu sagen, wie sich die Sitte der Pubertätsbeschneidung, diese Verstümmelung des gottgeschaffenen Lei-

202 Fleisch: Hundert Jahre lutherischer Mission, 418

203 Protokoll der I.(30). Konferenz in Madschame von Donnerstag 3. – Montag 7. Sept. 1925; Archiv der Franckeschen Stiftungen zu Halle, ALMW II.32.47. 1. Teil

204 „Da die Christen sich gestern ungebuehrlich betragen haben, so kommen die Missionare heute nicht zu ihnen. Die Brueder Reusch und Steiner werden beauftragt, ihnen das mitzuteilen und zu verlangen, dass die Vorlauten um Entschuldigung bitten." Protokollnotiz vom 6. September 1925, Zusammenfassung dieser 30. Konferenz in Fleisch: Hundert Jahre lutherischer Mission, 417f.

205 „1) Einem Burschen, oder einem Mädchen, das sich beschneiden lässt, wird eine ehrenvolle Hochzeit versagt. 2) Wenn es ein Vater ist, so wird derselbe für 6 Monate aus der Christenversammlung und vom Hl. Abendmahl ausgeschlossen." Beilage zum Protokoll der I. (XXX.) Konferenz No. 5 Madschame, 5.(!)-7. Sept. 1925; Archiv der Franckeschen Stiftungen zu Halle, ALMW II.32.47., 1. Teil

206 Protokoll der I.(30). Konferenz in Madschame, a.a.O., ALMW II.32.47., 1. Teil

bes – ich meine damit speziell die Mädchenbeschneidung – sittlich-religiös veredeln ließe."[207]

Schritte in diese Richtung würden die Gewissen völlig verwirren: „Der geradezu erbitterte Widerstand, den die Vertreter unserer Gemeinden leisteten gegen unseren Antrag der Aufhebung des direkten Verbotes, sollte uns eine Warnung sein."[208] Missionar Alfred Winkler berichtete im Jahresbericht von 1928, dass in Masama die Abschaffung des Verbotes als Erlaubnis verstanden wurde.

> „Läßt sich doch der Begriff ‚weder verboten, noch erlaubt' überhaupt nicht ganz genau im Kimashami [Lokalsprache, Anm. des Autors] wiedergeben, wenigstens nicht so, daß es der Durchschnitt der Gemeindeglieder versteht. Für den Mashami ist eine Sache entweder erlaubt oder verboten."[209]

Dies führte dazu, dass eine Christin, die vor ihrer Taufe eine Beschneiderin war, diese Tätigkeit wieder aufgenommen hat. Auf die Frage,

> „wie sie als Christin bei einem Brauche mitwirken könne, den die Gemeinde mißbilligt, sagte sie, die Christenmädchen pflegten ja beschnitten zu werden, und sie fühle sich geradezu verpflichtet, dazu ihre Dienste zur Verfügung zu stellen, damit die christlichen Eltern nicht gezwungen seien, sich an heidnische Beschneiderinnen zu wenden."[210]

So haben sich beispielsweise auch vier Mädchen einen Tag nach ihrer ersten Teilnahme am Abendmahl beschneiden lassen. Sie sicherten sich damit den Zugang zur Unterwelt, der *varumu*.[211] Diese „Zugangsberechtigung" war Voraussetzung, um ein vollwertiges Mitglied der Gemeinschaft sein zu können. Alfred Winkler befürchtet, dass sich durch die jetzige Verordnung die Ansicht verfestigt: „Nur der ist ein vollwertiger Madschamechrist, der abendmahlsberechtigt und beschnitten ist."[212]

1929 werden in Pare „die Waldfeste für die Knaben und die Mädchenmannbarkeitsfeste mit Energie wieder aufgenommen".[213] Es dauerte einige Zeit, bis sich der Nebel der Unklarheit und Verwirrung verzog. 1936 berichteten die Ältesten der Gemeinde in Mamba:

> „Jetzt haben nicht wenige junge Leute davon abgesehen, sich beschneiden zu lassen. Viele andere haben begonnen, ohne Beschneidung zu heiraten. Sie gehen auf diese Weise anderen voran. Wir vertrauen darauf, daß nach und nach hier bei uns die Beschneidung ganz verlassen werden wird."[214]

Heute ist die Genitalverstümmelung der Mädchen in Tansania per Gesetz verboten. Dennoch wird sie praktiziert. Die Evangelisch-Lutherische Kirche in Tansania nutzt ihre Einflussmöglichkeiten in den Gemeinden, Schulen und Gesundheitsstationen zur Aufklärung.

207 Brief von Johannes Raum an das Kollegium der Ev.-Luth. Mission zu Leipzig vom 12.01.1926, 5; Archiv der Franckeschen Stiftungen, ALMW II.32.40., 1. Teil

208 ebd.

209 Alfred Winkler: Jahresbericht der Station Masama, 1928, 2; Archiv der Franckeschen Stiftungen, ALMW II.32.19

210 ebd.

211 a.a.O., 3

212 a.a.O., 4

213 Fleisch: Hundert Jahre lutherischer Mission, 413

214 Bericht der Ältesten der Gemeinde Mamba vom 24.4.1936, M. Ruben Moshi Nyange, Mambo-Kilimanjaro, in: Althaus: Mamba – Anfang in Afrika, 113

Kommentar

Die Leipziger Missionare waren Vorreiter im Kampf gegen die weibliche Genitalverstümmelung. Sie konnten diese nicht als eine erhaltenswürdige Tradition ansehen. Sie hielten es in diesem Kampf mit dem lutherischen Prinzip, sich ausschließlich auf das Mittel des Wortes zu verlassen. Dieser Weg hat den Preis einer langjährigen Auseinandersetzung, die bis in die Gegenwart hinein nicht abgeschlossen ist. Die heute übliche begriffliche Unterscheidung zwischen der Beschneidung – bezogen auf Jungen – und der Genitalverstümmelung – bezogen auf Mädchen – gab es damals noch nicht. Dies erschwerte die theologische Auseinandersetzung. Zur Genitalverstümmelung wird an keiner Stelle in der Bibel aufgefordert. Sie wird auch nicht erwähnt.

Die Genitalverstümmelung war für die Mädchen in den vorfindlichen Ethnien Voraussetzung für die Eheschließung. Die Argumente in der Diskussion unter den Missionaren und der praktische Umgang in konkreten Fällen war eine Vorwegnahme der Diskussion um die Jahrtausendwende, als die Problematik einer breiteren Öffentlichkeit bewusst wurde. Damals rüttelte die Lebensgeschichte von Waris Diries: „Wüstenblume" und später das Engagement von Rüdiger Nehberg die westliche Welt auf. Teil dieser Diskussion war zu beiden Zeiten die Überlegung, den betroffenen Mädchen wenigstens die katastrophalen und lebensgefährlichen hygienischen Bedingungen bei der „Beschneiderin" zu ersparen und diese Operation in einem Hospital und mit minimalerem Eingriff vorzunehmen. Jeder, der dem Elend dieser Welt abhilft, muss Entscheidungen fällen zwischen kleinerem und größerem Übel.

Ausgesetzter Säugling in den Pare-Bergen

Der – hier vom Fotografen Missionar Wilhelm Guth nachgestellte – Brauch, Säuglinge mit bestimmten Eigenschaften auszusetzen, beispielsweise wenn die oberen Schneidezähne zuerst kamen oder es sich um Zwillinge handelte, wurde von den Missionaren abgelehnt. Viele dieser Kinder nahmen sie zu sich auf.

Historisches Bildarchiv des Evangelisch-Lutherischen Missionswerkes Leipzig e.V., Album 3, Bild-Nr. 785

Kindstötungen

Immer wieder kamen die Missionare mit dem Brauch des Tötens von Kindern in Berührung, so zum Beispiel der 1905 gerade auf der Station Nkoaranga angekommene Missionar Eduard Ittameier:

> „Eine Frau war mit ihrer Schwester am Tage vorauf gegen Abend vom Markte gekommen; da überraschten sie gerade bei unserer Station die Wehen und sie gibt Zwillingen das Leben, einem Mädchen und einem Jungen. Nun besteht hier die grausame Sitte, von den Zwillingen eines zu töten. Die beiden Frauen wollten den Knaben am Leben lassen, weil die Mutter bereits ein Mädchen hatte, und setzten das Mädchen in der beschriebenen Weise aus."

Das heißt, es wurde im Busch abgelegt und mit Gras zugedeckt.[215] Das Mädchen überlebte, weil der Missionar es auf die Missionsstation holte. Ihr Taufname wurde Susanna.

Missionar Jakob Dannholz befragte 1909 nach dem Gottesdienst in Anwesenheit des *Mangis* Frauen unterschiedlichen Alters nach ihren Kindern. „Diese 50 Frauen hatten 282 Kinder geboren, darunter 2 Zwillingspaare, und von diesen 282 Kindern hatten nur 84 das Säuglingsalter überlebt."[216] Von dieser dreißig prozentigen Überlebensrate konnte eine alte Frau nur träumen. Sie hatte alle ihre 14 Kinder verloren.

Dannholz sah als Grund für die hohe Kindersterblichkeit vier Ursachen:

1. Einen Mangel an Fürsorge: Es gab keine Sitte, Kinder zu bekleiden. Besonders morgens ist es recht kalt in den Pare-Bergen. Und wenn der Zauberer erklärte, dass die Brust verzaubert sei, bekam das Kind von Anfang an Bananenbrei statt Muttermilch.
2. Das Eherecht: Für ein außereheliches Kind musste der Erzeuger sechs bis neun Ziegen an den Ehemann zahlen. Dieser hatte Interesse an den Tieren, aber nicht an dem Kind. So passiert es häufig, dass nach erfolgter Zahlung das Kind beseitigt wurde.[217]
3. Die Zwillingstötung:

> „Zwillinge ertränkt man im Getreidemörser oder man erstickt sie wie Ziegen, indem man ihnen Mund und Nase zuhält, oder man läßt sie liegen, der Vater nimmt sie nicht auf. Ließe man sie leben, so würden sie den ganzen Stamm verderben. "[218]

Es bestand die Angst, dass die Geister neidisch auf die Zwillinge sein könnten und deswegen den Stamm vernichten würden.

4. Das Zahnen: Wenn statt der zwei unteren mittleren Schneidezähne die oberen zuerst wuchsen, wurde das Kind oberhalb eines Felsabhanges ausgesetzt.

> „Beide Eltern bringen es mit seinem Breinapf, seinem Löffel, seinem Kleidchen und seinem Schmuck auf einen hohen überhängenden Felsen, schläfern es direkt am Abhang ein und verlassen es, damit es beim Erwachen, wenn es sich regt, in den Abgrund stürze. Denn wenn man es aufzöge, so würde wegen dieses Kindes der ganze Stamm aussterben."[219]

215 Krause: Tagebuch der Missionsstation Nkoaranga, 111
216 J.J. Dannholz: Im Banne des Geisterglaubens. Züge des animistischen Heidentums bei den Wasu in Deutsch-Ostafrika, Leipzig 1916, 62
217 a.a.O., 67f
218 a.a.O., 63
219 ebd.

„Todgeweihte" Kinder

Diese Kinder haben ihr Überleben dem biblischen Menschenbild der Leipziger Missionare zu verdanken, wonach jeder Mensch ein gewolltes Geschöpf Gottes ist.

Historisches Bildarchiv des Evangelisch-Lutherischen Missionswerkes Leipzig e. V:, Album 3, Bild-Nr. 788

Die Botschaft – Gott möchte, dass allen Menschen geholfen werde – lässt bald auch einheimische Christen nicht gleichgültig bleiben.

> „In Gonja brachte der Lehrer Yobu ein Kind, das er vor dem Tode bewahrt hatte und nun beschloß die Gemeinde, durch Belehrung und Aufklärung und, wenn nötig, auch durch Anzeige beim Bezirksamt gegen die Kindertötung bei den heidnischen Volksgenossen vorzugehen."[220]

Natürlich gibt es keine Statistik, wie vielen Kindern durch den neuen Geist das Leben gerettet worden ist. Es ist auch anzunehmen, dass die Strafgesetze der deutschen Kolonialregierung eine abschreckende Wirkung entfalteten.

Es ist aber ebenfalls richtig, dass allein die Angst vor Strafen der Regierung geheimere Tötungsmethoden suchen lässt. Mancher Vater gibt dem Kind ein langsam wirkendes Gift. Überlebt es, so flucht der Vater: „bist du ein Stein, daß du nicht stirbst?"[221] Offensichtlich gingen die Tötungen mit dem Wachsen der christlichen Gemeinden und deren Ausstrahlung auf die übrige Bevölkerung zurück. Aber auch an diesem Punkt hat der Erste Weltkrieg Folgen. Nach der Ausweisung der Missionare kam das „Töten von Zwillingen" wieder auf.[222]

Kommentar

Missionskritiker verweisen heute gern darauf, dass es Erscheinungen wie Aber- und Geisterglaube in Europa vor Jahrhunderten ebenso gab. Was wird mit diesem Hinweis bezweckt? Sollten deswegen diese Erscheinungen in Afrika nicht aktiv bekämpft werden? Neue Einsichten einer Volksgruppe dieser Erde vorenthalten zu wollen, ist kein Ausdruck von Humanität. Mancher verwechselt afrikanische Menschen mit afrikanischen Tieren, die man unter Naturschutz stellen möchte.

Heute setzt sich eine dänische Hilfsorganisation in Nigeria für ‚Hexenkinder' ein. Darüber gibt es mehrere anerkennende Filmberichte, in denen keine Bedenken geäußert werden, dass hier europäische Kultur übergestülpt würde. Nichts anderes haben die Missionare getan.

220 Fleisch: Hundert Jahre lutherischer Mission, 307
221 Dannholz: Im Banne des Geisterglaubens, 64
222 Fleisch: Hundert Jahre lutherischer Mission, 413

„Beim Trankopfer an der Schädelstätte"

In ihren Fotografien dokumentierten die Missionare, hier vermutlich Wilhelm Guth bei den Pare, die Traditionen und Bräuche der einheimischen Heiler. Sie näherten sich diesen sowohl mit Skepsis als auch Respekt.

Historisches Bildarchiv des Evangelisch-Lutherischen Missionswerkes Leipzig e.V., Album 3, Bild-Nr. 776

Geisterglauben und Hexerei

Sehr wesentlich wurde das Leben der Menschen am Kilimanjaro durch den Geisterglauben geprägt, zumeist handelte es sich um den Geist von Verstorbenen. Als Medium, um mit einem Verstorbenen zu kommunizieren, diente der ausgegrabene und polierte Schädel.[223]

Bei den Pare haben hauptsächlich die Ahnengeister des eigenen Familienverbundes Macht über die Menschen.[224] Daneben glaubten die Menschen an Irrgeister, die Krankheiten verursachten, Spukgeister, Vampire und so weiter. Dass die Botschafter Jesu Menschen von dieser Angst befreiten, findet in Tansania eine hohe Würdigung.

Ein Beispiel aus Nkoaranga: Ein kleiner Junge wurde drei Monate von heftigen Magenschmerzen geplagt. Auf der Station erkannte man, dass er voller Würmer war. Eine Kur wurde eingeleitet. Mitten in der Kur kam der Vater und wollte das Kind mit nach Hause nehmen, um den Geistern zu opfern, damit der Zauber aus dem Leibe des Kindes verschwinde.[225] Der Junge wollte nicht mitkommen und zu dessen Glück akzeptierte der Vater den Wunsch. So konnte die stationäre Behandlung gelingen.

Eine andere Variante war, den Medizinmann zu bestellen oder aufzusuchen, dessen Behandlung vornehmlich im Bespucken bestand.[226] Neben diesen Heilern *(waanga)* gab es die Zauberer *(nsavi)*, deren Handeln mehr im negativen Einfluss besteht. Ein Zauberer ist einer, der einen bösen Zauber bewirkt.[227]

Ein Mann behauptete, er könne Regen verhindern oder bringen. Als der Regen nicht aufhören wollte, rückte der *Mangi* mit seinen Männern vor jenes Regenmachers Haus, „man erklärte, er sei der Zauberer, der den Regen bringe“[228] und fesselte ihn. Erst durch Fürsprache von Missionar Arno Krause kam er wieder frei.

Andere Beschuldigte hatten weniger Glück: Ein Mann namens Neninga lebte gut, bis ihn Miaki beschuldigte, „er treibe Zauberei, und einem seiner Leute befahl, ihn zu erschießen“.[229]

Einem geraubten Jungen reichte der neue Besitzer einen Zaubertrank, der tödlich wirken sollte, sobald dieser nach seiner Familie forschen würde. Der Junge sehnte sich jedoch so sehr nach seiner Mutter, dass er die Flucht riskierte.[230]

In Machame hatte Shangali über einen Fall zu entscheiden, in dem ein Zauberer gebeten wurde, eine Arznei zum Töten zu bereiten.[231] Er ließ einen Zaubertrank gegen einen Zaubertrank herstellen. Dieser bestand aus Bier, geschabtem Kupfer, in dem ein totes Huhn, ein Eselsschädel und ein Menschenknochen schwammen. Alle Dorfbewohner mussten vor dem Trinken sprechen: „bereite ich irgend ein Zaubermittel gegen Mensch und Vieh, so wird dieser Trank mich töten.“[232] Dies alles zeigt: „Daß der Aberglaube, insonderheit der Hexenglaube, noch nicht in den Gemeinden ausgerottet war.“[233] Nach der Ausweisung der Missionare wurde beobachtet: Der „Verzauberungsglaube lebt wieder auf“.[234]

223 Dannholz: Im Banne des Geisterglaubens, 20
224 a.a.O., 22
225 Krause: Tagebuch der Missionsstation Nkoaranga, 40
226 a.a.O., 61 und 79
227 ebd.
228 a.a.O., 45
229 a.a.O., 101
230 a.a.O., 103
231 Evangelisch-Lutherisches Missionsblatt, Leipzig 1898, 272
232 Evangelisch-Lutherisches Missionsblatt, Leipzig 1898, 383
233 Fleisch: Hundert Jahre lutherischer Mission, 306
234 a.a.O., 416

Friedensglocke aus Strehla

Sammlung Emil Müller, Privateigentum
Andreas Kecke, Bild-Nr. 005 0007

Kriege zwischen einzelnen Ethnien

Vor der Ankunft der Missionare gab es mangels einer Schriftsprache keine Geschichtsschreibung. Für die Behauptung, vor der Ankunft der Europäer habe es ein friedliches Nebeneinander der einzelnen Ethnien gegeben, fehlen daher die Belege. Die ersten aufgeschriebenen Kindheitserinnerungen von Schülern, die durch das Erlernen ihrer Schriftsprache in den Schulen dadurch fähig waren, zeugen von einem durch Stammesfehden tief gespaltenen Landstrich. Die Angst war immer präsent, entführt, missbraucht oder Opfer eines existenzbedrohenden Viehdiebstahls zu werden. Was eine Gefangennahme bedeutete, verdeutlicht folgende kurze Notiz: „Es besteht hier die grausame Sitte, daß jeder Junge, ja jedes männliche Kind, das im Kriege in Feindeshand fällt, getötet wird, nachdem man es zuvor mit dem Schwerte beschnitten hat."[235] Einige Beispiele von Kindheitserinnerungen mögen die Not illustrieren. Ein Schüler beklagt, dass man

> „nicht einmal seiner Kleidung sicher gewesen sei ... Dann die Schmach der Sklaverei! Schnell waren die Araber da, die auch friedlich Handel trieben und dann grausam Menschen raubten und sie in die Sklaverei verkauften. Auch andere Feinde gingen darauf aus, außer Vieh möglichst viel Sklaven zu gewinnen. Raub und Mord, Krieg und Blutvergießen!"[236]

Der um 1889 in Machame geborene Seth Shuma schreibt:

> „Als ich ein sehr kleines Kind war, starb mein Vater. Er starb in dem Kriege, als die Leute von Madschame mit denen von Kiboscho kämpften. (Kiboscho ist ein Land östlich von Madschame) Gut, mein Vater zog in den Krieg nach Kiboscho und starb da zusammen mit Genossen. Und als die Leute von Kiboscho sahen, dass sie die von Madschame besiegt hatten, brachten sie den Krieg nach dem Lande Madschame. Als das meine Mutter merkte, trug sie mich auf den Rücken und entfloh mit mir. Sie beschützte mich sehr, so dass ich von den Feinden nicht getötet wurde (Leute von Kiboscho)."[237]

Weiter berichtet er, wie er auf dem Rücken seiner Mutter vor den Speeren und Schwertern der Feinde floh:

> „Später bauten die Leute eine befestigte Umzäunung zum Schutz vor den Feinden und bargen sich darin. Ringsherum lief ein tiefer Graben. In diese Umzäunung brachte die Mutter auch mich. Ich freute mich über die Boma und den Graben. Da aber der Graben breit und tief war, so fürchtete ich mich wiederum. Kaum hatten wir die Boma betreten, da erschienen schon die Feinde. Aber es vergingen zwei Monate, bis sie eindringen konnten. Darinnen hörte ich das Schießen und sah die Hütten in Flammen aufgehen. Es gab keine Möglichkeit der Flucht. Die Kugeln drangen durch die Boma und töteten viele Leute. Andere starben vor Hunger. Oft mahnte mich meine Mutter: ‚Lege dich in den Graben mein Kind, sonst musst du sterben'. Schließlich drangen die Feinde in die Befestigung. Da fielen die Leute wie Gras unter der Sichel."[238]

Etwas mehr Schutz boten in die Erde gegrabene Höhlensysteme, die auch heute noch am Kilimanjaro zu besichtigen sind. Gut erhalten sind diese noch in Mamba *(„Mamba-Caves")*, in der Nähe der zweiten

235 Krause: Tagebuch der Missionsstation Nkoaranga, 59
236 Kiesel: Kindheit und Bekehrung in Nord-Tanzania, 46
237 a.a.O., 101
238 Kiesel: Kindheit und Bekehrung in Nord-Tanzania, 102f

Missionsstation der Leipziger. Diese unterirdische Festung diente den Wachagga dazu, sich vor angreifenden Nachbarstämmen und besonders in der Trockenzeit vor den Maasai zu verstecken. Diese hatten es auf die Tiere und die Mädchen abgesehen. Wehe, ein Chagga vergaß das Codewort. Dann wurde er in der „Hinterhalthöhle" mit dem Speer von den eigenen Leuten erstochen. Angreifer versuchten, mit Rauch die Höhlen zu erobern. Heute erklärt die Touristenführerin, dass nach der Ankunft der Missionare die Höhlen nicht mehr nötig gewesen seien, da es diese Auseinandersetzungen so gut wie nicht mehr gab. Auf einer Schautafel vor den Höhlen findet sich dafür folgende Erklärung: „Der Krieg endete einige Jahrzehnte vor der Unabhängigkeit zu Beginn der 1960er Jahre. Hauptgrund waren das Kommen von Missionaren und manch globaler Handel."[239]

Missionar Emil Müller entschärfte damals einen Konflikt, der sonst vermutlich zum Krieg geführt hätte:

> „In ziemlicher Aufregung wurden der Häuptling Schangali und seine Unterthanen durch einen Rechtsfall versetzt. Madschame-Männer hatten einen Ziegendieb aus Kiboso ergriffen und ohne Schangalis Wissen, ja gegen seinen Befehl, so misshandelt, dass er starb. Als der Häuptling von Kiboso das erfuhr, wurde er so wütend, dass er nach Moschi ging, um ‚den großen Herrn zu bitten, dass er den Krieg mit Madschame erlaube'. Früher wäre unter Umständen der Krieg unvermeidlich gewesen. Jetzt konnte ich dem Schangali die ihn sehr erleichternde Zusage geben, dass die deutsche Regierung nicht gestatten werde, um eines erschlagenen Spitzbuben willen Krieg zu führen. Auf seine Bitte berichtete ich den ganzen Sachverhalt nach Moschi. Durch Vermittlung der deutschen Regierung wurde der Streitfall bald erledigt: der Übeltäter wurde gefangen gesetzt und Schangali sollte zur Befriedigung des beleidigten Häuptlings von Kiboso 50 Rinder an diesen zahlen, von denen dieser nur 10 annahm. Damit war die Sache erledigt."[240]

Die Menschen in Machame erinnerten sich damals an einen Weissager, der prophezeit haben soll:

> „Herrliche Männer werden kommen, von Gott gesandt. Die werden den Speer zerbrechen, dann wird kein Krieg mehr sein. Sie werden Glocken an den Himmel hängen und das ganze Land befrieden, dass kein Häuptling mehr wider den anderen streite."[241]

Bald verkündete tatsächlich eine von der sächsischen Gemeinde Strehla gespendete Glocke den Friedensruf Christi.[242]

Das gerade von deutscher Seite Christi Friedensruf überhört wurde, ist die bittere Kehrseite. Manch Kolonialherr griff oft mit harter Hand in diese Auseinandersetzungen ein. Dabei standen den Deutschen *Askari* zur Seite, afrikanische, häufig sudanesische Söldner. Die Furcht der einheimischen Bevölkerung vor den Europäern sorgte unter anderem für folgende pädagogische Warnung, wenn ein Kind sich weigerte, als Zeichen der Verbundenheit mit der Familie einschließlich der Ahnen die Ohrläppchen durchbohren zu lassen:

239 „The war ceased few decades before independence by the beginning of 1960s. Main reason were the coming of missionaries and some global trades."

240 Evangelisch-Lutherisches Missionsblatt, Leipzig 1899, 347f.

241 Martin Weishaupt: Ostafrikanische Wandertage. Durch das Gebiet der Leipziger Mission in Deutsch-Ostafrika, Leipzig 1913, 60

242 Emil Müller: Madschame, die älteste Leipziger Station am Kilimanjaro, Leipzig 1936, 9

„Wenn du nicht willst, dann kommt der Europäer und nimmt dich mit und kocht Arznei aus dir, denn dazu kann er nur Kinder mit heilen Ohrläppchen gebrauchen."[243] Bald unterschieden viele zwischen den Kolonialherren und den Missionaren. Zeichen des Wohlwollens war das Fehlen von Schutzzäunen um die Missionsstationen. Missionar Gerhard Althaus begründet, warum er seine Station 1904 nicht befestigen ließ: „Wir wußten genau, daß die Chaggastämme, unter denen wir lebten sich des Schutzes der Europäer erfreuten, anders die kriegerischen Masai- und Arusha-Stämme."[244]

Der Erste Weltkrieg als ein nach Afrika getragener innereuropäischer Krieg brachte Geschützdonner und Flugzeuge in die Kilimanjaro-Region.

> „Wir hörten dann ein Dröhnen am Himmel. Als wir nach allen Seiten Ausschau hielten und uns fragten, was ist das wohl für ein Ding, da sahen wir am Himmel in den Wolken einen Riesenvogel, größer als ein Geier! Da sind wir arg erschrocken! Mein Altbruder sagte: ‚Was ist das doch, das den Himmel überquert, wie es gesagt worden ist von dem Besessenen, der Mschengeli hieß und gesagt hat: Es wird eine Zeit kommen, da wird etwas den Himmel überqueren, das man nennen wird das Sonnenkalb. Wenn das vorübergegangen ist, dann wird jedermann seinen Weg gehen können, nur mit einem Bergstock, ohne Waffe, von Horizont zu Horizont, und es wird ihn nichts anrühren auf dem Wege. Dann wird Friede sein an jedem Ort.'"[245]

243 Klaus-Peter Kiesel (Herausgeber): Kindheit und Bekehrung in Nord-Tanzania, Band II, 30
244 Gerhard Althaus: Mamba – Anfang in Afrika, Erlangen 1992, 103
245 Kiesel: Kindheit und Bekehrung II, 119

Nach der englischen Besetzung des Gebietes lobten englische Beamte in Moshi die Missionare aufs höchste und setzten alles daran, bei ihren Vorgesetzten die Ausweisung zu verhindern.[246] Im Sommer 1920 wurden dennoch die letzten deutschen Missionare ausgewiesen. An den Administrator wurde ein Protestschreiben gesandt mit der Forderung, die Arbeit nicht an eine nicht-lutherische Mission zu geben. Man wisse, dass sich die lutherischen Kirchen Amerikas für die Arbeit interessieren.[247]

Artikel 438 des Versailler Vertrages war die Grundlage für die Beschlagnahmung des deutschen Missionseigentums, „wenn auch die Verwendung zu Missionszwecken gewahrt blieb".[248] Mit den amerikanischen Lutheranern entwickelte sich tatsächlich ein gutes Miteinander. Dabei war Missionsdirektor Paul „die Seele" der Zusammenarbeit.[249] Aus der lutherischen Missionskonferenz mit amerikanischer Beteiligung in Leipzig 1920 entwickelte sich der Gedanke einer engeren Zusammenarbeit der lutherischen Kirchen. Dies mündete im ersten lutherischen Weltkonvent, der 1923 in Eisenach stattfand.[250]

Im Mai 1924 sprach sich der englische Gouverneur in London für die Wiederzulassung der deutschen Missionare aus.[251] Vor Ort wurde die Rückkehr der Missionare sehr begrüßt: „Im Jahre 1925 gab Gott der Herr den Gestrüppdurchbrechern, unseren Missionaren, die von Leipzig ausgesendet worden waren, die Möglichkeit, in die Arbeit unter uns zurückzukehren."[252]

246 Fleisch: Hundert Jahre lutherischer Mission, 346
247 ebd.
248 a.a.O., 312
249 a.a.O., 314
250 ebd.
251 a.a.O., 356
252 Kiesel: Kindheit und Bekehrung II, 123

„Blutzeugen am Meru"

In der Nacht zum 20. Oktober 1896 kommen die beiden 23 und 24 Jahre jungen Leipziger Missionare Ewald Ovir und Karl Segebrock im Zuge eines Angriffs von einheimischen Kriegern auf ihr Zeltlager am Fuß des Mount Meru ums Leben.
Darauf folgten grausame Vergeltungsaktionen der Kolonialmacht, die Leid und Schrecken bringen.
Das Grab der als Märtyrer verehrten Ovir und Segebrock wird bis heute gepflegt und in Ehren gehalten.

Missionar Carl Kämpf starb einen Monat vorher am Gallenfieber.

Historisches Bildarchiv des Evangelisch-Lutherischen Missionswerkes Leipzig e.V.

Anfänge in der Region Arusha

Bei einem Besuch 1932 fanden wir am Meru starke Gemeinden voll christlichen Lebens [...] und mit einsichtigen, ernsten Männern als Kirchenältesten, Lehrern und Evangelisten begabt.

Missionar Emil Müller, *Aus der Tiefe*

Vom Kilimanjaro wollen die Leipziger Missionare 1896 Richtung Westen zum Mount Meru weiterziehen. Doch der erste Versuch scheitert tragisch: Karl Segebrock und Ewald Ovir werden getötet. Erst 1902 können Arno Krause und Kurt Fickert die Station Nkoaranga, in der Nähe von Akeri, gründen.
Es war nicht leicht, das Vertrauen der Menschen zu finden, wie Missionar Krause berichtet: „Die Hauptmasse der Waroa (Meru) scheint uns nicht günstig gesinnt zu sein; wir gehören in ihren Augen doch zu denen, die ihr Vieh, ihre Kinder, ihre Weiber einst fortgeschleppt haben."

1905 wird der Grundbesitz der Missionsstation um 250 Hektar Weideland erweitert. Dort entsteht später die Kaffeeplantage der Leipziger Mission. Hermann Fokken und Karl Luckin bauen 1904 die Missionsstation Arusha-Ilboru auf. Obwohl hier schon nach kurzer Zeit Außenstationen entstehen, in denen gepredigt und unterrichtet wird, wächst die Gemeinde im Vergleich zum benachbarten Nkoaranga nur langsam. Erst nach drei Jahren gibt es die erste Taufe. Es ist ein 14-jähriger Junge, der von sechs Bewerbern übrig geblieben ist. 1913 zählt die Gemeinde nur 55 Mitglieder.

Zur Tötung von zwei Missionaren

Im Gespräch mit dem hochbetagten Pirnaer Superintendenten in Ruhe Dieter Spranger sagte dieser: „Ja, der Mord an den beiden Missionaren Ovir und Segebrock löste eine Unsicherheit aus. Wir, die Sachsen, die die Arbeit so unterstützt haben, fragten uns: Wollen die Afrikaner unsere Missionare doch nicht?“ Diese Frage steht letztlich bis heute.

Zunächst gilt es, sich zu vergegenwärtigen, dass es auch in dieser Gegend Kriege zwischen den einzelnen Ethnien gegeben hat.

> „Ab 1850 begannen die Waarusha-Krieger im Meruland einzufallen und Vieh und Menschen zu rauben. Erst als sich 1881 die Waaruscha- und Wamerukrieger zu einer Altersklasse (Talala) zusammenschlossen, hörten die Überfälle auf und die beiden Kriegergruppen schlossen sich zu gemeinsamen Kriegen gegen andere Landschaften (vor allem am Kilimanjaro) zusammen.“[253]

In der Kirwa-Fibel, einem Lehrbuch der Missionsschulen, wird die Situation für die Schüler folgendermaßen zusammengefasst:

> „In dieser Zeit war das Meru-Land eine Kolonie der Aruscha-Leute. Die Aruscha-Leute gaben die Information, dass da Europäer ins Meru-Land gekommen sind. Die Aruscha-Leute waren hungrig nach dem Grund, warum die Europäer im Meru-Land sind. Die Aruscha-Leute trafen sich und forcierten, dass die Europäer das Land verlassen.“[254]

Am 31. Juli 1896 unternahm Missionar Ewald Ovir eine Erkundungsreise an den Meru. Er fand das Land fruchtbar und die Sprache ähnlich dem Dialekt von Machame. „Der Landeshäuptling Matunda kommt ihm freundlich entgegen und verspricht ihm einen schönen Platz zum Bauen.“[255] Nach seiner Rückkehr berichtet er dem Missionskollegium, dass die Tür offen ist, „denn am Meru herrsche Friede, die Grundbedingung alles gedeihlichen missionarischen Wirkens“.[256]

So wurde am 6. Oktober mit den Vorbereitungen begonnen. Elisabeth Müller schreibt in ihren Erinnerungen:

> „Am 13. Oktober wurde unser Töchterchen getauft. Am Nachmittag wollten dann 2 unserer neuangekommenen, jungen Missionare aufbrechen, um weiter im Westen eine neue Station anzulegen. Als wir beim Kaffee saßen, sagte der Eine von ihnen: ‚vielleicht bringen sie uns dort um?‘ Wir wehrten ihnen lächelnd ab, denn man dachte an keine Gefahr. Wir gaben ihnen noch ein Stück das Geleit und verabschiedeten uns froh, ohne Sorge um sie. Hauptmann Johannes von der deutschen Schutztruppe, dessen junge Frau eben erst von daheim angekommen war, wollte am nächs-

253 Arno Krause. Tagebuch der Missionsstation Nkoaranga, herausgegeben von Klaus-Peter Kiesel, Vierteljahresbericht für die Station Nkoaranga am Meru (April, Mai, Juni 1905), 101

254 Kitabu kya isomisa vana kya Kirwa. Kirwa-Fibel, Evangelisch-Lutherische Mission zu Leipzig 1931, 75

255 Adolphi/Schanz: Am Fuße der Bergriesen Ostafrikas, 48

256 ebd.

ten Tag den beiden Missionaren nachziehen. Der Hauptmann meinte, er habe keine Sorge um die Herren, aber es gibt dort, wo die Missionare die Station anlegen wollen, so einen Stamm, der immer gern Späne macht. Es ist schon besser, daß ich auch hingehe, damit man merkt, daß die Missionare unter unserem Schutz stehen. Hauptmann Johannes hatte 30 farbige Soldaten bei sich, auch seine Frau. Hätte er an Gefahr geglaubt, hätte er sie sicher nicht mitgenommen."[257]

Am Ende wird sich herausstellen, dass genau diese Entscheidung der Hintergrund für den Mord an den beiden Missionaren war. Nach drei Tagesmärschen trafen die Missionare Ovir und Segebrock am 15. Oktober mit ihren 70 Trägern

> „[...] am ‚Tor' des Meruländchens ein. Das war eine Verzäunung von Baumstämmen und Dornen, die nur einen ganz engen Durchschlupf bot, so daß die Wanderer einzeln in gebückter Haltung hindurchkriechen mußten. Durch dieses Bollwerk suchten sich die Eingeborenen gegen feindliche Überfälle zu sichern. Da Ovir den Leuten bereits bekannt war, so hinderte niemand den Marsch bis zu den Hütten des Häuptlings Matunda. Dieser war zwar etwas wortkarg, aber am üblichen Willkommensgruß ließ er es nicht fehlen. Er spendete eine Menge Bananen, Mais und Bier, ja sogar Ochsen. Die Gabe war den Brüdern im Hinblick auf die vielen hungrigen Träger sehr willkommen."[258]

Am nächsten Tag kehrten die meisten Träger nach Machame zurück und es wurde ein geeigneter Platz für die Niederlassung am Malalafluss, etwa einen Kilometer vom Hof des *Mangis* gefunden. Zwei Tage später trafen Hauptmann Johannes mit seiner Frau, etwa 30 Askaris und Leutnant Merker ein.[259] Sie schlugen ihr Lager in der Nähe auf.

Die Missionare waren mit ihrer Leitung in Leipzig der Meinung, dass „durch die getrennte Lage der beiderseitigen Niederlassungen deutlich gemacht wird, daß die Missionsstation und die Militärstation zwei verschiedenen Herren dienen".[260] Dies wurde nun auch hier für die beiden Zeltlager so gehalten.

> „Am Montag, den 19. Oktober, wurde das neue Missionsgrundstück vermessen, und Matunda nahm im Lager des Hauptmanns den Kaufpreis, eine größere Menge Baumwollenzeug, in Empfang. Es waren zwar Gerüchte von bevorstehenden Unruhen aufgetaucht, aber niemand schenkte ihnen rechten Glauben, und so lehnten die Missionare die Aufforderung des Hauptmanns, die Nacht über im Militärlager zu bleiben, ab und kehren im Gefühl vollster Sicherheit in ihre Zelte zurück. Auch Johannes und seine Begleiter begaben sich zur Ruhe, sie wurden aber bald wieder geweckt. Es war gegen Mitternacht, als der Häuptling Matunda in aufgeregter Stimmung und scheinbar auch etwas betrunken im Militärlager erschien und meldete, er habe soeben von einem alten Aruschaweibe die Nachricht erhalten, daß die Krieger ihres Volkes sich zu einem Angriff gegen die Weißen rüsteten. Die Offiziere legten jedoch der Sache kein großes Gewicht bei."[261]

257 Reise vom 12.11.1895 nach dem Kilimandscharo (Deutsch-Ostafrika) bis zur Ausweisung 1920 durch die Engländer, Bericht von Elisabeth Müller, 4

258 Adolphi/Schanz: Am Fuße der Bergriesen Ostafrikas, 48f

259 Merker war der brutale Leutnant, den Missionsdirektor Karl von Schwartz 1901 beim Kolonialamt in Berlin anzeigte.

260 Paul: Die Leipziger Mission daheim und draußen, 220

261 Adolphi/Schanz: Am Fuße der Bergriesen Ostafrikas, 49f

Grab von Ovir und Segebrock 1902

aufgenommen von Emil Müller „wie es die Brüder Krause und Fickert hergerichtet haben"

Sammlung Emil Müller, Privateigentum Andreas Kecke, Bild-Nr. 023 0003

Mit Dach versehenes Grab von Ovir und Segebrock 2018

Antje Lanzendorf, Bildarchiv des Evangelisch-Lutherischen Missionswerkes Leipzig e.V.

Um 3 Uhr morgens trifft erneut eine Warnung unmittelbarer Gefahr ein. Während der Hauptmann sich mit den Askaris in Verteidigungsposition setzt, erfolgt ein Doppelangriff.

> „Eine Anzahl Aruschakrieger in voller Waffenrüstung umstellt das Lager der Missionare, während die größere Masse über den Fluß zieht, um den Hauptmann anzugreifen. Geräuschlos umzingeln sie sein Lager, das auf drei Seiten von dichten und dunklen Bananenhainen umgeben ist. Doch die Askaris sind auf der Hut und eröffnen sofort ein heftiges Schnellfeuer gegen die Angreifer. Wohl noch ehe die Missionare durch den Lärm völlig munter sind, dringen die Feinde in das Schlafzelt ein. Einer der Missionare kann noch einen Schuß abgeben, dann aber liegen sie auch schon von Speerstichen durchbohrt am Boden. Man hört, wie Ovir die Worte ruft: ‚ich sterbe, aber ich danke euch', dann schließt der Tod ihm den Mund."[262]

Vier Begleiter werden ebenfalls umgebracht, zwei gefangen weggeführt und drei können ins Dunkel der Nacht fliehen. Fürchterliches Kriegsgeheul und das Zerschlagen von Kisten ist im Lager der Soldaten zu hören. Der Hauptmann kann sein Lager verteidigen. Dann ist Ruhe. Um 4 Uhr schleicht sich ein „Merumann, der schon lange im Dienst der Europäer stand"[263], in das Zeltlager der Missionare. Jeder der beiden Missionare war von mindestens 30 Speerstichen durchbohrt. Das Lager war geplündert. Im Tageslicht werden die Leichen der vier Afrikaner dem *Mangi* übergeben. Der Hauptmann lässt eilig ein Grab für die Missionare Ewald Ovir und Karl Segebrock ausheben.

262 Adolphi/Schanz: Am Fuße der Bergriesen Ostafrikas, 50
263 ebd.

Auf das Grab wird ein Kreuz mit einem Bild des dornengekrönen Christus gestellt.[264] Nachdem ein Foto des Grabes angefertigt wurde[265] verlassen die Soldaten das Lager. Als diese weg waren, kommen die Krieger wieder, graben die beiden Leichname aus, zerhacken sie und werfen sie in den Busch, „aus Furcht, sie möchten wieder auferstehen und sich rächen".[266]

Als die schreckliche Nachricht in Machame eintrifft, kam *Mangi* Shangali sofort und drückt „sein Bedauern und seine Entrüstung aus".[267]

Für Hauptmann Johannes war es ein Angriff auf ihn und seine Soldaten, in dessen Folge sechs Menschen getötet wurden. Dies konnte in seinen Augen nicht ohne Gegenmaßnahme bleiben. Wenn die Täter in Freiheit blieben, hätte die Gefahr bestanden, dass diese weitere Angriffe durchführen.

Elf Tage später, am 31. Oktober[268], unternahm er „mit einer größeren Militärmacht einen Strafzug gegen die mörderischen Aruschaleute".[269] Am Eingang der Arushalandschaft, am „Tor des Landes", kam es zu einem dreistündigen Gefecht.[270]

264 a.a.O., 52
265 Evangelisch-Lutherisches Missionsblatt, Leipzig 1897, 153
266 Wiederbeginn der Missionsarbeit am Meru, Miss. Krause, Evangelisch-Lutherisches Missionsblatt, Leipzig 1902, 283. Hier ist eine Vermutung erwähnt, dass unter den Tätern auch einige Waroa (andere Bezeichnung für Wameru) gewesen seien. Fleisch geht bei den Angreifern von „Aruscha-Leuten" aus. Fleisch: Hundert Jahre lutherische Mission, 271, ebenso Emil Müller in „Unsere Reise nach dem Meru", Evangelisch-Lutherisches Missionsblatt, Leipzig 1902, 457
267 Adolphi/Schanz: Am Fuße der Bergriesen Ostafrikas, 52
268 a.a.O., 81
269 a.a.O., 52
270 a.a.O., 81

Missionar Gerhard Althaus kommentiert die Strafexpedition gegen die Arusha-Landschaft

> „mit Hilfe der Krieger vieler Chagga-Landschaften, auch aus unserer Gegend. Hier herrschte größter Jubel, weil man hoffte, bei dieser Gelegenheit von den an Herden reichen Arusha-Leuten viel Vieh, vielleicht auch Frauen und Mädchen, erbeuten zu können. Wir bedauern die alte Kriegs-und Raublust, die bei unseren Leuten von neuem geweckt wurde. Schmerzlich war uns, daß der Tod der beiden Friedensboten durch einen Kriegszug gerächt werden sollte, der so viel Blutvergießen und Grausamkeit auch gegenüber unschuldigen Frauen und Kindern zur Folge haben würde. Der Führer einer solchen Strafexpedition konnte jedenfalls solche Auswüchse nicht verhindern. Der Feldzug dauerte rund drei Wochen; Hauptmann Johannes kommandierte 100 Askaris und 8000-10000 Chagga-Krieger. Wie es hieß, sollen die Arusha-Leute etwa 600, die Chaggas etwa 140 Tote gehabt haben. Rund 4000 Stück Rindvieh und 6000 Stück Kleinvieh wurden erbeutet. Die Arusha-Leute mußten ihre Gewehre ausliefern und viel Elfenbein als Tribut zahlen.“ [271]

Um die Freude an diesem Feldzug bei den Wachagga zu verstehen, darf die Möglichkeit der Befreiung geraubter Menschen des eigenen Volkes nicht übersehen werden. Es wurden 500 „in Sklaverei gehaltene“[272] Wachagga-Frauen und Kinder,

> „die von Meru- und Arushakriegern geraubt worden waren, befreit und konnten zum Kilimanjaro zurückkehren. Weitere Frauen und Kinder kehrten im Januar und Februar 1897 in ihre Heimat zurück.“[273]

In der Folgezeit kommt es zu gelegentlichen Überfällen von Arusha-Kriegern. So zum Beispiel in Machame, wobei zwölf Menschen, darunter Frauen und Kinder getötet wurden[274]

Im Mai 1902 wird Hauptmann Johannes nach Daressalam versetzt. Sein Nachfolger ist Oberleutnant Moritz Merker. Er verdächtigt *Mangi* Shangali, einen Aufstand zu planen, und hält ihn in Moshi fest. Emil Müller verbürgt sich für Shangali. Daraufhin lässt Merker ihn frei. Es gibt in Machame einen festlichen Empfang und kurz darauf legt Shangali seine *Mangi*würde nieder. Er hatte Angst, vor der dauernden Gefahr von irgend jemanden vor der deutschen Militärverwaltung verleumdet zu werden.

Über die Gründe der Tötung der Missionare durch die Arusha-Krieger, die faktisch das Meru-Gebiet besetzt hatten, wurde lange spekuliert. Emil Müller berichtet von einer Begegnung Anfang 1901 mit Meru-Leuten, die er bat, die Motive der Täter zu nennen:

> „Sie antworteten: Damit die Europäer ein- für allemal die Lust verlören, sich bei ihnen niederzulassen. Das

271 Althaus: Mamba – Anfang in Afrika, 101f. Die Kämpfe fanden vom 31. Oktober bis 5. November 1896 und vom 20. Januar bis 5. Februar 1897 statt. Vgl. Arno Krause, Tagebuch der Missionsstation Nkoaranga, herausgegeben von Klaus-Peter Kiesel, Vierteljahresbericht für die Station Nkoaranga am Meru (April, Mai, Juni 1905), 102, „Die Häuptlinge Masinde und Matunda sind geflohen. Naailo, in dessen Boma die geraubte Habe unserer Missionare geteilt worden war, ist getötet, einer ihrer Mörder im Kampfe gefallen." Vgl. Evangelisch-Lutherisches Missionsblatt, Leipzig 1897, 57

272 Evangelisch-Lutherisches Missionsblatt, Leipzig 1897, 120

273 Arno Krause, Tagebuch der Missionsstation Nkoaranga, herausgegeben von Klaus-Peter Kiesel, Vierteljahresbericht für die Station Nkoaranga am Meru (April, Mai, Juni 1905), 103

274 Adolphi/Schanz: Am Fuße der Bergriesen Ostafrikas, 83

war deutlich! Sie fügten noch hinzu, daß die Aruschaleute die Anstifter gewesen seien, und daß sie selbst außer wegen der Arbeit nichts an den Europäern auszusetzen hätten."[275]

Mangi Matunda, der die Europäer vor dem Überfall warnte, wird wenige Tage später im November von seinem Sohn Lobulu Matunda Kaaya abgelöst.[276] 1901 muss sich der junge *Mangi* der Meruleute wegen einer späteren Verschwörung „und (vielleicht) als Mörder seines Vaters Matunda, der 1896 nur angeblich an einer Krankheit gestorben ist"[277], verantworten.

Einer der Täter wird Christ

60 Jahre später gab es folgende Begegnung: 1958 wird der Krankenschwester Liddy Dörr[278] ein über 90-jähriger alter Maasai vorgestellt:

„‚Denke dir, Mukaine sagt, er sei einer der Mörder, die die ersten Missionare am Meruberg (Ovir und Segebrock) 1896 umbrachten!' Man hätte ihn damals als einen der angesehensten Masai und einen der kräftigsten jungen Männer mit für die Mordtat gedungen. Sollte man ihm diese Selbstbezichtigung glauben? Die Missionare waren zunächst skeptisch, aber als er manche Einzelheiten aus dem Geschehen erwähnte, mußte man ihm wohl glauben. U. a. erzählte er, daß er selbst mit in das erste Zelt eingedrungen sei und gleich den ersten Weißen mit dem Speer ins Herz getroffen habe. Als Lärm entstand und in dem benachbarten Regierungszelt eine Leuchtrakete hochging, war sein erster Gedanke gewesen: ‚Jetzt kommt Gott!' auch wenn man ihm jetzt die Leuchtrakete für ganz natürlich erklären wollte, blieb er immer wieder dabei, Gott habe damals eingegriffen. So bezeugt sich die Wirklichkeit Gottes immer wieder auch im Gewissen eines Heiden!
Mukaine bat um die Taufe und wurde in den Taufunterricht aufgenommen. Er hatte erfaßt, daß Jesus Christus um unserer Sünde willen gestorben ist und daß auch einem Mörder um Christi willen Vergebung zuteil werden kann. Bei seiner Taufe waren alle Anwesenden sehr bewegt. Er war schon am Vorabend immer wieder gebeten worden zu erzählen, wie sich damals alles zugetragen hatte. Oft hatte er vor Bewegung kaum sprechen können. Er sagte: ‚Paulo'; denn er sei erst auch ein Saulus gewesen und habe Christen verfolgt. Freilich hätten sie szt. nicht gewußt, daß es sich um Missionare handelte, also nicht um Weiße, die ihnen Land wegnehmen wollten. Das betonte er immer wieder. Auch das stimmt mit den ersten Berichten überein."[279]

Bitte um Vergebung

1993 feierte die Lutherische Kirche im Norden Tansanias das 100-jährige Jubiläum der Ankunft des Evangeliums am Kilimanjaro. Dabei wurde deutlich, dass die Tötung der beiden Missionare 1896 aus der Sicht der tansanischen Partner immer noch einen Schatten auf die Beziehungen zur „Mutterkirche" in Deutschland warf. Zunächst wurde zitiert, wie Emil Müller damals auf die Nachricht des Mordes reagierte: „Der gekaufte

275 Evangelisch-Lutherisches Missionsblatt, Leipzig 1901, 371
276 Kiesel: Tagebuch der Missionsstation Nkoaranga, 139
277 Evangelisch-Lutherisches Missionsblatt, Leipzig 1901, 371
278 Liddy Dörr, geb. am 13.9.1919, gest. am 2.11.1992 wurde am 30.3.1952 in Alfeld ausgesendet und war bis 1980 in Gonja, Oldeani, Karatu und Nkoarangea tätig.
279 Bericht über die Arbeit von Schwester Liddy Dörr. Fundort: Leipziger Missionswerk

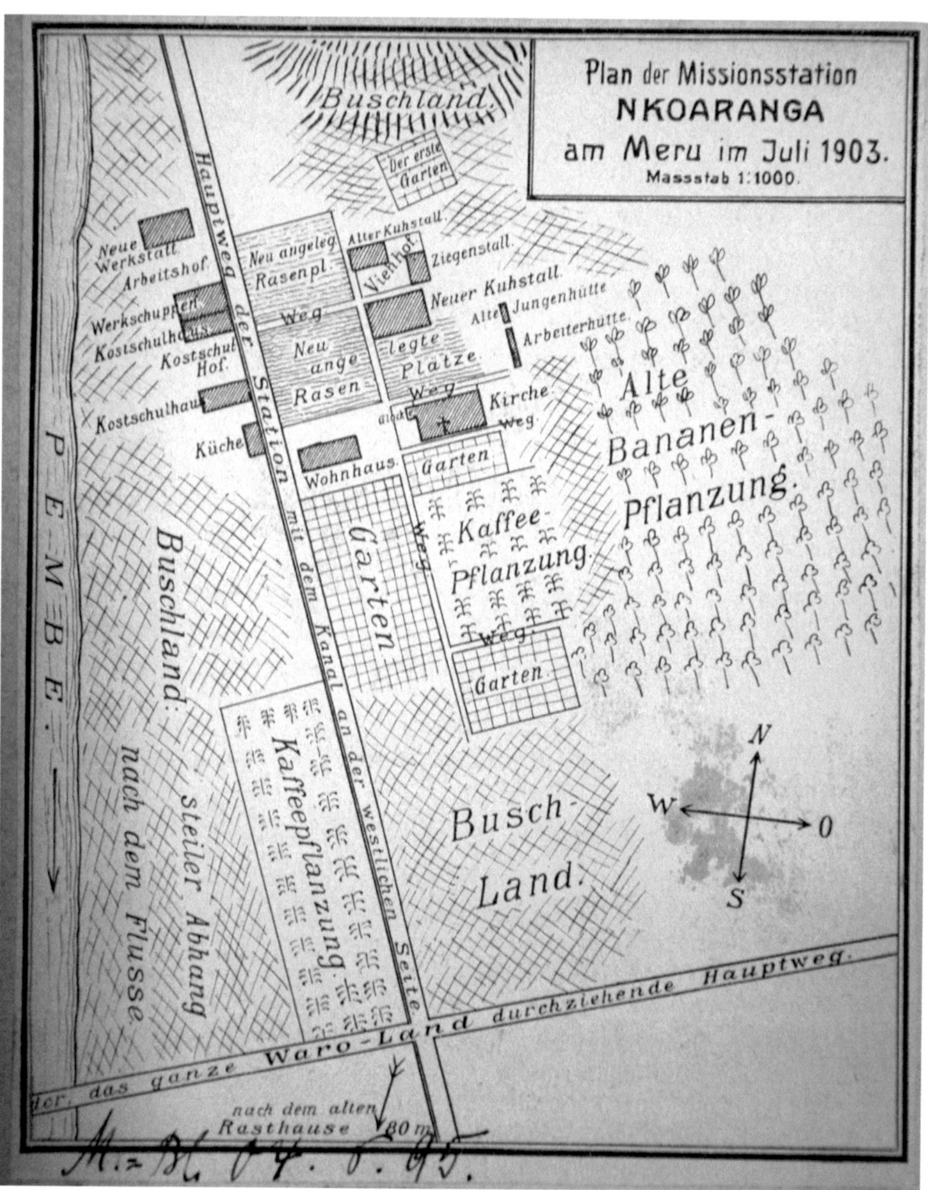

Kaffeeanbau

Nach der Gründung der Missionsstation in Nkoaranga im März 1902 wurde bereits im Juni die erste kleine Kapelle im Ort eingeweiht und im August eine Kostschule eröffnet. Wie üblich gehören zur Station auch Gärten zur Selbstversorgung sowie verschiedene Ställe.
1905 wird der Grundbesitz der Missionsstation um 250 Hektar Weideland am Makumira erweitert. Es dient vor allem in der Zeit von 1929 bis 1940 unter der Beaufsichtigung des Baumeisters Albert Fokken und des Landwirts Uffe Fokken zum Kaffeeanbau, um die Missionsarbeit in Ostafrika wirtschaftlich zu stützen.

Historisches Bildarchiv des Evangelisch-Lutherischen Missionswerkes Leipzig e.V.

Platz ist mit dem Blut unserer Brüder konsekriert."[280] Den Begriff Konsekration (lat. Weihe, Heiligung) verwenden lutherische Theologen für die durch die Einsetzungsworte vor dem Abendmahl gesprochenen Worte, durch die Brot und Wein zu den sakramentalen Gaben von Leib und Blut Christi werden.

Der Bischof der Meru-Diözese Paulo Akyoo wendete sich an Missionsdirektor Joachim Schlegel mit den Worten: „Die Schuld liegt noch auf uns. Sie ist ungesühnt. Wir haben die Sitte für einen Mord 99 Rinder zu geben. Das ist nicht erfolgt. So können wir nicht anders, als auf den Zuspruch der Vergebung zu warten, den wir in der folgenden Liturgie erbitten wollen."[281] Es folgte die Bitte um das Erbarmen Christi und der miteinander gesprochene Satz: Christus ist unser Friede.

Missionsdirektor Schlegel entgegnete: „Im Namen des Leipziger Missionswerkes nehme ich dieses Bekenntnis an und ich möchte euch sagen, daß wir euch vergeben. Wir tun es vor Gott und im Namen Gottes in der Erinnerung an das, was Jesus Christus uns gelehrt hat: Vergib uns unsere Schuld wie auch wir vergeben unserer Schuldigern! Gott möge aus diesem Akt der Vergebung reichen Segen für unsere Kirche wachsen lassen."[282]

280 Bericht über die Tansania-Reise von Sonnabend, 11. September 1993 bis Dienstag, 12. Oktober 1993, ohne Autor, 20

281 ebd; Im Bericht von Missionsdirektor Schlegel findet sich, dass der Stellvertretende Bischof Kimirei in diesem Zusammenhang sagte: „Aber wir Christen brauchen das Blut der Rinder nicht; denn wir haben das Blut Christi". Christus ist unser Friede, Joachim Schlegel, 26.11.1993, 2)

282 Schlegel, a.a.O., 20; Schlegel formulierte in seinem Bericht (3): „Wir tun das alles vor Gott. Und angesichts auch unserer Schuld als Deutsche wollen wir uns auf der Basis dessen begegnen, was Jesus Christus uns zu beten gelehrt hat: Vergib uns unsere Schuld …"

Die Annahme der Vergebungsbitte durch Direktor Schlegel löste unter den Anwesenden einen starken Beifall, sowie nach mündlichen Berichten ein Trillern aus. Anschließend wurde Schlegel ein feines Makondekreuz mit eingearbeiteten Händen, die sich zum Zentrum zu sich öffnen, überreicht. Dieses hängt heute in der Kapelle des Leipziger Missionswerkes. Kleinere Kopien werden gern deutschen Partnergemeinden geschenkt.

Auf meine Frage an Bischof Akyoo, warum er sich als Angehöriger der Wameru für die Taten junger Männer hauptsächlich der Waarusha entschuldigte, antwortete er: „Wir haben uns entschuldigt, weil wir die beiden Missionare nicht ausreichend geschützt haben."

Gemeindeaufbau durch Missionar Arno Krause

Nach dieser problematischen Vorgeschichte trafen am 24. Februar 1902 Missionar Arno Krause und Missionshandwerker Kurt Fickert in Nkoaranga ein, um eine Missionsstation zu gründen.[283] Ein Problem stellten die herumstreifenden Banden junger Krieger der Meru dar, deren Hauptbeschäftigung der Viehdiebstahl war.[284] Markant verläuft die Auswahl des Platzes:

> „wie es schien, wußten die Leute uns von sonstigen Europäern gut zu unterscheiden, drückten wiederholt ihre Freude über unser Kommen aus und reichten uns ihre Hände. Darauf bat uns der Häuptling, immer bei ihm zu bleiben, er wolle uns einen Platz in seiner nächsten Nähe anweisen. Als ich erklärte, daß ich auf dem Platze wohnen möchte, wo meine beiden Brüder

283 Kiesel: Tagebuch der Missionsstation Nkoaranga, 140

284 Evangelisch-Lutherisches Missionsblatt, Leipzig 1902, 276f. Die Wameru werden hier Waroa genannt. vgl. ebd, 216

Lazaros Laiser

Die Schule in Ilboru bringt bald junge Mitarbeiter hervor. Sie tragen wesentlich zum Wachsen der Kirche am Meru bei. Eine erste große Führungsperson ist Lazaros Laiser. Er kommt 1909 auf die Station, weil er Arbeit sucht. Dann bleibt er aber als Schüler in Kimandolu und wird dort am 13. August 1911 getauft. Für Missionar Leonhard Blumer wird er ein hoch geschätzter Mitarbeiter und dann bis 1940 für Missionar Max Pätzig. Lazaros Laiser wird 1916 Leiter der Stationsschule. Nach seiner Ordination 1934 durch Missionar Pätzig dient er als Pastor in Kimandolu und Ilboru und darüber hinaus im Maasailand. Im September 1948 wählt ihn die Synode zum stellvertretenden Leiter der „Lutheran Church of Northern Tanganyika". Dieses Amt behält er bis 1956. Stefano Moshi, ebenfalls von der Leipziger Mission ausgebildet wird sein Nachfolger. Auf dem Weg in das Sonjoland verunglückt Lazaros Laiser 1958 tödlich.

Historisches Bildarchiv des Evangelisch-Lutherischen Missionswerkes Leipzig e.V., Album 4, Bild-Nr. 1218

gewohnt hätten, stieß ich auf starken Widerspruch des Häuptlings und aller seiner Leute. Einmal erklärte der Häuptling, er wolle, daß ich ihm nahe bliebe, damit er jederzeit, auch in der Nacht, zu mir kommen könne, ohne erst die dazwischenliegenden drei Flüsse überschreiten zu müssen. Ferner seien an dem alten Platze nicht mehr viele Leute und, die noch in der dortigen Gegend wohnen, gehorchen ihm nicht recht. Meine Begleiter teilten mir mit, daß in der Tat von der Umgebung des alten Platzes viele Leute weggezogen sind. Sie sagten mir auch, die Leute würden wohl diesen Ort scheuen wegen des dort ausgeführten Mordes. Sie meinten auch, ich solle doch beim Häuptling bleiben; auf dem alten Platz könnten die Waaruscha und die Masai viel leichter dicht heranschleichen und einen Überfall ausführen als hier."[285]

Einen Tag später wurde das Grundstück am Mbembe Fluß vom *Mangi* Menawuru erworben. In erstaunlicher Geschwindigkeit folgten Meilensteine eines Gemeindeaufbaus. Im April 1902 wurde die Schule eröffnet und am 2. Mai der erste Gottesdienst in der Merusprache gehalten. Am 21. Juni folgte die Weihe der ersten Kapelle. Sechs Tage später kamen die Missionare Emil Müller und Robert Faßmann zur Visitation. Dabei registrierte Emil Müller den viel fruchtbareren Boden als in Machame.[286] Im August 1902 wurde die erste Kostschule eröffnet.[287]

Mattayo Kaaya, der später Lehrer wurde, berichtet Folgendes aus seiner Kindheit:

„Als der Krieg [im November 1896] beendet war, bauten die Europäer die Boma Aruscha und die Leute meiner Heimat begannen nun fleißig zu arbeiten. Sie wurden von *Askari* beaufsichtigt und sehr geschlagen. Sie erhielten keinen Lohn außer Schlägen. Eines Tages kam Herr Missionar Krause und lehrte die Kinder. Mein Gefährte kam zu mir und sagte: ‚Ich sah einen Europäer, der ist nicht böse; er sitzt nur dort und unterrichtet die Leute; er spricht ‚Kimeru'. Ich entgegnete ihm, ob das wahr sei. Er sagte: ‚Ja'. Ich sagte: ‚Morgen werden wir beide gehen, ich möchte die Worte dieses Europäers hören.' Am anderen Morgen gingen wir hin und trafen den Missionar bald. Wir spielten mit unseren Gefährten bis er kam. Er begann, das Lesen zu lehren, dann erzählte er von Jesus, wie er nach Nain ging und Leute traf, die einen Toten trugen. Dies ist die erste Geschichte, die ich hörte."[288]

Erschrocken über den von der Regierung verantworteten Umgang mit den Menschen vor Ort trägt Missionar Arno Krause, ein halbes Jahr nach seinem Dienstbeginn, Oberleutnant Georg Küster in Arusha das Anliegen vor, Frauen von Zwangsarbeit zu befreien.

„Ich kann diesen Frohndienst der Weiber nicht anders als eine unweise Härte bezeichnen und möchte wünschen, daß die Regierung ein Einsehen hat und in ihren Kolonien untersagt, daß Weiber weiterhin zu Frohndiensten herangezogen werden. Es ist für einen Europäer, der die Schwarzen auch als Menschen betrachtet, ein ungemein häßlicher Anblick zu sehen, wie diese Frauen von einem rohen Farbigen mit hoch geschwungener *Kiboko* wie Lasttiere gejagt werden."[289]

285 Wiederbesetzung des Meru, Miss. Krause, Evangelisch-Lutherisches Missionsblatt, Leipzig 1902, 217

286 Evangelisch-Lutherisches Missionsblatt, Leipzig 1902, 436

287 Kiesel: Tagebuch der Missionsstation Nkoaranga, 140

288 Kiesel: Kindheit und Bekehrung in Nord-Tanzania, 61

289 Arno Krause: Tagebuch der Missionsstation Nkoaranga, herausgegeben von Klaus-Peter Kiesel, Monatsbericht für die Station

Im Mai des darauf folgenden Jahres hat Missionar Krause sein Ziel erreicht, die Frauen mussten nicht mehr nach Arusha.[290]

An anderer Stelle führten ihn seine diplomatischen Überlegungen zum Schweigen. Es ging um den inhaftierten alten *Mangi* Menawuru, von dem er das Missionsgrundstück erworben hatte. In einem vertraulichen Brief an Missionsdirektor Karl von Schwartz vom 26. November 1902 schilderte er seine Überlegungen, warum er nicht Oberleutnant Küster um Freilassung des *Mangi* bittet:

> „So weit ich aber diesen kenne, muß ich befürchten, daß meine Fürsprache nur die gegenteilige Wirkung hat. Küster ist jede Mission, ja man kann sagen, jede andere Ansiedlung im Wege, wie er mir offen gegenüber ausgesprochen hat, er ist ein Gewaltmensch, der nach einen Maßstab nur zu messen scheint, was hat der Stationschef davon?? Würde nun Küster sehen, daß ich mich lebhaft für Menawuru interessiere, was kann ihn abhalten seine Kettenhaft zu verlängern?"[291]

Oberleutnant Küster wurde im August 1903 abberufen und wegen seiner Grausamkeit angeklagt. Missionar Arno Krause trat als Zeuge gegen ihn auf.[292] Vernommen wurde er in dieser Sache von Gerichtsoffizier Freiherr Ludwig von Reitzenstein. Dieser wurde Stationschef in Arusha und erwarb durch seine Freundlichkeit und gerechte Handlungsweise schnell Respekt und Vertrauen. Kurze Zeit später wurde dieser plötzlich abberufen. Hauptgrund scheint dessen Beschwerde über Stationschef Merker in Moshi zu sein. Über Oberleutnant Merker hat sich auch auf Bitten der Missionare die Missionsleitung an höchster Stelle beschwert.[293]

Missionar Arno Krause verwarf seine eigene Idee, Freiherr Ludwig von Reitzenstein in den eigenen Veröffentlichungen zu loben: „Ich glaube es ist gut, daß das gar nicht erwähnt wird, daß er zur Mission speziell freundlich stand, denn das hilft Reitzenstein gar nichts, im Gegenteil, es kann ihm schaden."[294]

Mögen diese Zusammenhänge sehr komprimiert dargestellt sein, so darf die Schlussfolgerung erlaubt sein: Es gibt in jedem System und dessen Verwaltungsapparat sehr unterschiedlich handelnde Personen. Es steht gerade Christen gut an, diese Differenzierung wahrzunehmen.

1903 wurde beschlossen, auch im nahegelegenen Arusha eine Missionsstation zu eröffnen.[295] Missionar Hermann Fokken traf mit dem livländischen Missionshandwerker Karl Luckin am 20. Juni 1904 auf dem ausersehenen Platz ein und erlebte bei den drei *Mangis* großes Entgegenkommen. Schon bald kam beispielsweise *Mangi* Sabaia mit 31 Kindern zum Schulunterricht.[296]

Nkoaranga am Meru (Juli, August 1902), 33

290 Krause: Tagebuch der Missionsstation Nkoaranga (Monat Mai 1903), 57

291 a.a.O., 63

292 a.a.O., 65

293 Schreiben von Missionsdirektor Schwartz an die Kolonialabteilung des Auswärtigen Amts, 16.9.1901; Archiv der Franckeschen Stiftungen zu Halle ALMW II.6.2

294 Krause: Tagebuch der Missionsstation Nkoaranga (Juli bis September 1904), 85

295 Adolphi/Schanz: Am Fuße der Bergriesen Ostafrikas, 180

296 a.a.O., 181

Kommentar

Die Leipziger Missionare haben sich im hier betrachteten Zeitraum der Anfangsjahre auftragsgemäß und in Übereinstimmung mit ihrem Leitungsgremium vor allem in den Dienst für das Reich Gottes und nicht dem Deutschen Kaiserreich gestellt. Die Nichtinanspruchnahme militärischen Schutzes hat den beiden Missionaren Karl Segebrock und Ewald Ovir das irdische Leben gekostet. Eine Verpflichtung, nicht mit deutschen Beamten, militärischen Befehlshabern oder Farmern zu reden, haben sie sich nicht auferlegt. Als Anwälte der Einheimischen Bevölkerung nutzten sie verschiedene Formen der Kontaktaufnahme.

Dies ist durchaus vergleichbar mit der Kirche im Sozialismus. Obwohl die Morde an der Mauer und in den „Gulags" bekannt waren, gab es Gespräche auf allen Ebenen zwischen Kirchenvertretern und Staatsbeamten. Von der betroffenen Bevölkerung gab es darüber kaum Kritik, sondern erst nach 1989 vor allem von westlicher Seite.

Wer nicht in einem totalitären Regime als Christ lebte und sich für die Menschen vor Ort einsetzte, mag altklug darüber urteilen. Der andere weiß: Wer in eine Jauchengrube steigt, um Reparaturen vorzunehmen, stinkt danach. Die einen rümpfen die Nase, von den anderen erntet dieser Dankbarkeit.

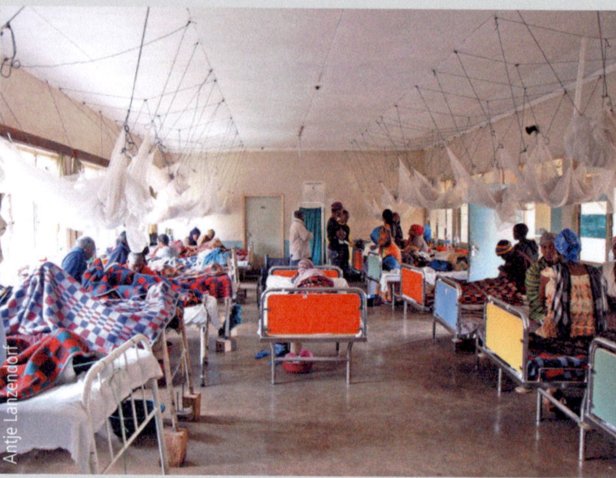

oben links: Die Evangelisch-Lutherische Kirche in Tansania ist eine wachsende Kirche. Der Besuch des sonntäglichen Gottesdienstes ist für viele Familien eine Selbstverständlichkeit. Vielerorts werden deswegen neue, größere Kirchengebäude errichtet.
unten links: In tansanischen Klassen werden teilweise mehr als neunzig Kinder unterrichtet. Der Besuch der staatlichen Grundschule und der weiterführenden Schulausbildung bis zum 11. Schuljahr ist mittlerweile kostenfrei.

oben rechts: Es gibt zahlreiche kirchliche Krankenhäuser und Gesundheitsstationen mit sehr unterschiedlichen Standards. Aus dem „Arzneihäuschen" zur Zeit Emil Müllers ist ein Ausbildungskrankenhaus geworden.
unten rechts: Die evangelische Kirche, hier die Pare-Diözese, versucht mit landwirtschaftlichen Projekten Einkommen, vor allem für Frauen, zu erwirtschaften. Sie engagiert sich auch zunehmend in der Umweltbildung und betreibt eigene Baumschulen.

Die tansanische Kirche heute

Wir müssen uns fragen, was wir als Kirche tun können, um für eine gerechte Verteilung der Ressourcen zu sorgen? Was können wir tun, damit Frauen, Kinder, Menschen mit Behinderungen und Menschen am Rand der Gesellschaft die gleichen Rechte wie alle anderen erhalten? Die evangelische Kirche in Tansania hat sich vorgenommen, genau für diese Menschen zu kämpfen.

Dr. Fredrick Shoo, Leitender Bischof der ELCT

Die Evangelisch-Lutherische Kirche in Tansania (ELCT) ist seit 1963 selbstständig und heute mit ihren 6,5 Millionen Mitgliedern die zweitgrößte Mitgliedskirche des Lutherischen Weltbundes. Der Verwaltungssitz befindet sich in Arusha.

Die ELCT ist untergliedert in 27 Diözesen, von denen allein sieben in den vergangenen zehn Jahren aus Missionsgebieten hervorgegangen sind. Zu neun – drei im Norden und sechs im Süden des Landes – besteht eine enge Partnerschaft des Leipziger Missionswerkes und seiner beiden Trägerkirchen.

Die ELCT und ihre Diözesen engagieren sich neben den Bereichen Mission und Evangelisation auch in der Gesundheits- und Ausbildungsförderung, dem Umweltschutz und der Unterstützung von Einkommen schaffenden Maßnahmen, insbesondere für Frauen. Die Kirche unterhält eigene Universitäten, hunderte von Schulen und beruflichen Ausbildungsstätten, Krankenhäuser und Gesundheitsstationen sowie drei Radiosender. Eine herausragende Rolle im Gemeindeleben spielt die Kirchenmusik. Besondere Beachtung erfährt der christlich-muslimische Dialog.

alle Bilder: Antje Lanzendorf

oben links: Anlässlich des 125-jährigen Jubiläums der Ankunft der Leipziger Missionare am Kilimanjaro fand am 21. Oktober 2018 ein großer Festgottesdienst mit über 5.000 Menschen in Machame statt. Dabei wurde die in Kiswahili und Englisch übersetzte Ausstellung des Leipziger Missionswerkes gezeigt. Zahlreiche historische Exponate ergänzten die Bilder und Texte.

unten links: Über 100 Jugendliche aus der Ortsgemeinde Machame wurden im Rahmen des Festgottesdienstes konfirmiert.

oben rechts: Beim Festumzug wurde eine Fahne vorangetragen – „rotes Kreuz auf weißen Grund" – wie es für den Oktober 1893 verbürgt ist.

unten rechts: Das Jubiläums-Logo besteht aus der Lutherrose im Zentrum, den Abkürzungen für die sechs lutherischen Diözesen im Norden, die auf die Leipziger Missionare zurückgehen, und dem Motto „O Land, Land, Land, höre des Herren Wort" aus Jeremia 22,29. Unten links sind Portraitfotos der Missionare Gerhard Althaus, Traugott Päsler und Albin Böhme zu sehen.

125 Jahre Evangelium am Kilimanjaro

Als Missionar Emil Müller am 8. Oktober 1893 die erste lutherische Predigt am Kilimanjaro hielt, wählte er einen Satz des Propheten Jeremia 22,29: „O Land, Land, Land, höre des Herren Wort!" Drei Tage zuvor hatten fünf Leipziger Missionare ihre selbst genähte, weiße Flagge mit dem roten Kreuz aufgerichtet. Hier in Machame sollte die erste Missionsstation der Leipziger Mission in Ostafrika entstehen.

Von der lokalen Herrscherfamilie Shangali wurden sie freundlich empfangen. Bereits 1849 hatte Johannes Rebmann als Missionar der Englischen Kirchenmission eine Bibel übergeben und verkündet, es würden weitere Männer kommen, die mehr darüber erzählen würden. Fast 50 Jahre wartete man darauf zu erfahren, was es mit diesem Buch wohl auf sich hätte.

Unter der Leitung des erfahrenen Indienmissionars Traugott Päsler kamen vier junge Missionare – neben Müller aus Zschopau, Robert Faßmann aus Plauen, Albin Böhme aus Dorfhain bei Tharandt und Gerhard Althaus aus Fallersleben/Hannover. Sie wollten das Wort Gottes in der damaligen Kolonie Deutsch-Ostafrika verkünden und es fiel auf sehr fruchtbaren Boden.

Die Missionare lernten, wie es ihnen im Leipziger Missionsseminar nahegelegt wurde, zuerst die Lokalsprachen. Insbesondere die Schulen, die teilweise noch vor den Kirchen gebaut wurden, hatten regen Zulauf. Die Kirchenmänner waren schnell als Lehrer geschätzt aber auch als Helfer in verschiedenen Notsituationen. Ihrerseits waren sie natürlich auf die Unterstützung vor Ort angewiesen. Gemeinsam ging es in Machame gut voran. Binnen zweieinhalb Jahren wurden zwei weitere Stationen am Kilimanjaro – Moshi (heute Kidia) und Mamba – gegründet.

Dort, wo Müller 1893 seine erste Predigt hielt, wurde am 21. Oktober 2018 mit tausenden Christinnen und Christen unter dem Jeremia-Wort das 125-jährige Jubiläum gefeiert: ein vierstündiger Festgottesdienst, mit Einweihung einer Grundschule und eines Gemeindezentrums, mit gut einhundert Konfirmanden und 5.000 Gästen aus den mittlerweile sechs Landeskirchen, die im Norden Tansanias aus der Arbeit der ersten Missionare entstanden sind. Die Nord-Diözese, in der auch die ersten drei Missionsstationen liegen, ist heute eine Partnerkirche der sächsischen Landeskirche.

Tansanische Christen loben heute den ganzheitlichen Ansatz der Leipziger Missionare. Sie brachten ihnen das Evangelium, aber eben auch Bildung und Gesundheit. Ein älterer Pfarrer spricht von den drei 'S': Soup, Soap und Spirit – Suppe, Seife und Seligkeit.

Während eines zweitägigen Symposiums im Vorfeld des Festgottesdienstes bat einer der Referenten die Teilnehmenden: „Schließen Sie die Augen und stellen Sie sich vor, es gäbe die lutherische Kirche nicht." Dann zählte er eine Vielzahl von kirchlichen Einrichtungen auf – von der Buchhandlung bis hin zum „Kilimanjaro Christian Medical Centre", einem großen lutherischen Krankenhaus in Moshi. Damit wurde allen sehr bewusst, welchen Stellenwert die lutherische Kirche für die tansanische Gesellschaft heute hat.

Antje Lanzendorf, Artikel erschienen in DER SONNTAG, 04.11.2018

Glossar

Älteste
Von der Gemeinde gewählte einheimische Christen und Christinnen mit Leitungsverantwortung. Diese Wahlen waren die allerersten Wahlen überhaupt in diesem Teil Ostafrikas.

Askari
Swahili für Soldat, nicht-europäische Soldaten oder Polizisten in den Kolonialtruppen.

Boma
Swahili: Umzäunter, festgetretener Platz mit befestigtem Gebäude und Platz für Tiere, auch eine Bezeichnung für eine Militärstation, oft Sitz der Kolonialverwaltung eines Bezirks.

Dschagga
Alte deutsche Schreibweise von Chagga bzw. Chaga, bezeichnet das Land aber auch die Menschen, die östlich, südlich und westlich des Kilimanjaro leben, die Lokalsprache heißt Kichagga.

Kiboko
Flusspferd, aber auch die aus dessen Haut hergestellte Peitsche.

Kimadschame
Die Vorsilbe Ki bezeichnet die Sprache des jeweiligen Gebietes. Kimadschame ist die Sprache der Menschen in Madschame, heute Machame geschrieben.

Maasai
Ethnische Gruppe; in Zitaten auch Masai oder Maasai geschrieben.

Mangi
Lokales Oberhaupt. Der früher verwendete Begriff „Häuptling“ wird zunehmend kritisch bewertet und durch den Swahili-Begriff Mangi ersetzt.

Meru

4562 Meter hoher Berg und bedeutet „kleiner Bruder" des Kilimanjaro. Er befindet sich westlich von diesem. An dessen Hängen lebt die gleichnamige ethnische Gruppe. Die erste Missionsstation Nkoaranga entstand 1902. Heute ist Meru auch der Name einer Diözese der Evangelisch-Lutherischen Kirche.

Missionsinspektor

Für ein Sachgebiet zuständiger Referatsleiter mit Sitz im Leipziger Missionshaus.

Missionskollegium

Leitendes Gremium in Leipzig, das unter anderem endgültig über die Beschlüsse der Missionskonferenz entschied. Ihm gehörte der Missionsdirektor an.

Missionskonferenz

Versammlung aller Missionare vor Ort. Sie tagte zunächst zweimal jährlich auf verschiedenen Missionsstationen, ab 1907 einmal im Jahr; auch Chagga-Konferenz genannt.

Pare

Gebiet südöstlich des Kilimanjaro. Die erste Missionsstation Shigatini wurde 1900 gegründet.

Schauri

Beratung, auch Gerichtsverhandlung.

Schira

Ort, westlich von Machame. Im Jahr 1901 wurde dort die vierte Missionsstation gegründet; auch Sira geschrieben.

Waarusha

Die Vorsilbe Wa bezeichnet die Personen der jeweiligen ethnischen Gruppe.

Wameru

Auch Waroa, Warua, Warwa

Exkurs: Heimatliche Unterstützung

Am 16. August 1819 trafen sich in Dresden Männer mit sehr unterschiedlichen Berufen und gründeten einen Missionshilfeverein. Schon im ersten Jahr reagierten Menschen aus 50 Orten auf deren Anliegen. 1832 wurde das Ziel der „Pflanzung einer lutherischen Kirche in der Heidenwelt“[1] formuliert und eine Missionsvorschule in Grünberg bei Dresden gegründet. Die Untersagung der Schule durch das sächsische Kultusministerium bewirkte die Gründung der „Evangelisch-lutherischen Missionsgesellschaft zu Dresden“ am 17. August 1836. Von Anfang an gründeten sich Zweigvereine. Höhepunkte des Vereinslebens waren die Jahresfeste am oder um das Gründungsdatum, dem 16. August eines jeden Jahres. 1902 initiierte der Meißner Domprediger Karl Wilhelm Emil Körner die Gründung der „Ährenlese“. Für eine Gabe von 10 Pfennigen erhielt die Spenderin eine „Aehre“.

Aus dieser Initiative entwickelte sich der heutige „Freundes- und Förderkreis des Evangelisch-Lutherischen Missionswerkes Leipzig e. V.“

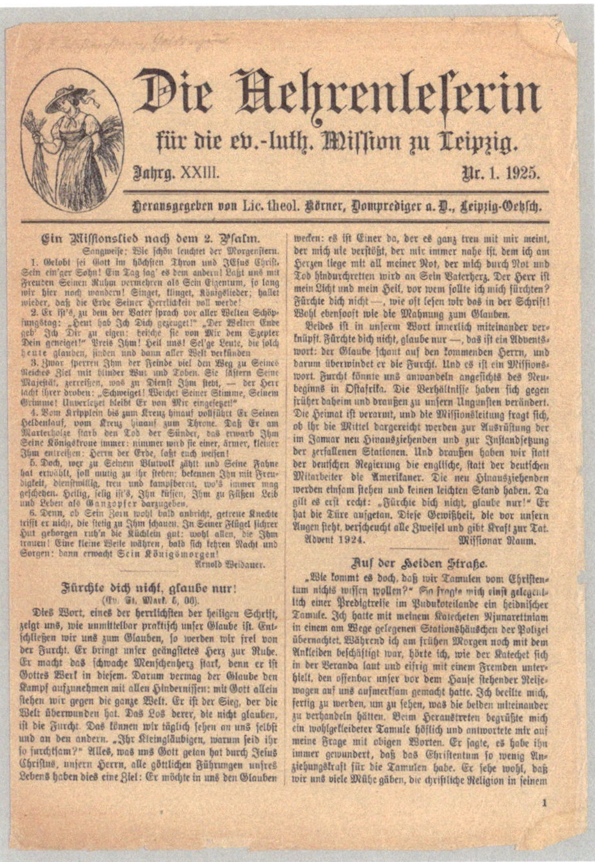

Die Aehrenleserin

für die ev.-luth. Mission zu Leipzig.

Jahrg. XXIII. Nr. 1. 1925.

Herausgegeben von Lic. theol. Körner, Domprediger a. D., Leipzig-Oetzsch.

Ein Missionslied nach dem 2. Psalm.

Sangweise: Wie schön leuchtet der Morgenstern.

1. Gelobt sei Gott im höchsten Thron und JEsus Christ, Sein ein'ger Sohn! Ein Tag sag' es dem andern! Laßt uns mit Freuden Seinen Ruhm vermehren als Sein Eigentum, so lang wir hier noch wandern! Singet, klinget, Königslieder; hallet wieder, daß die Erde Seiner Herrlichkeit voll werde!

2. Er ist's, zu dem der Vater sprach vor aller Welten Schöpfungstag: „Heut hab Ich Dich gezeuget!“ „Der Welten Ende geb' Ich Dir zu eigen: heische sie von Mir dem Szepter Dein geneiget!“ Preis Ihm! Heil uns! Sel'ge Leute, die solch heute glauben, finden und dann aller Welt verkünden

3. Zwar sperren Ihm der Feinde viel den Weg zu Seines Reiches Ziel mit blinder Wut und Toben. Sie lästern Seine Majestät, zerreißen, was zu Dienst Ihm steht, — der Herr lacht ihrer droben: „Schweiget! Weichet Seiner Stimme, Seinem Grimme! Unverletzet bleibt Er von Mir eingesetzet!“

4. Vom Kripplein bis zum Kreuz hinauf vollführt Er Seinen Heldenlauf, vom Kreuz hinauf zum Throne. Daß Er am Marterholze starb den Tod der Sünder, das erwarb Ihm Seine Königskrone immer: nimmer wird sie einer, ärmer, kleiner Ihm entreißen: Herrn der Erde, laßt euch weisen!

5. Doch, wer zu Seinem Blutvolk zählt und Seine Fahne hat erwählt, soll mutig zu ihr stehen; bekennen Ihn mit Freudigkeit, dienstwillig, treu und kampfbereit, wo's immer mag geschehen. Heilig, selig ist's, Ihn küssen, Ihm zu Füßen Leib und Leben als Ganzopfer darzugeben.

6. Denn, ob Sein Zorn wohl bald anbricht, getreue Knechte trifft er nicht, die stetig zu Ihm schauen. In Seiner Flügel sichrer Hut geborgen ruh'n die Küchlein gut: wohl allen, die Ihm trauen! Eine kleine Weile währen, bald sich kehren Nacht und Sorgen: dann erwacht Sein Königsmorgen!

Arnold Weidauer.

Fürchte dich nicht, glaube nur!

(Ev. St. Mark. 5, 36).

Dies Wort, eines der herrlichsten der heiligen Schrift, zeigt uns, wie unmittelbar praktisch unser Glaube ist. Entschließen wir uns zum Glauben, so werden wir frei von der Furcht. Er bringt unser geängstetes Herz zur Ruhe. Er macht das schwache Menschenherz stark, denn er ist Gottes Werk in diesem. Darum vermag der Glaube den Kampf aufzunehmen mit allen Hindernissen: mit Gott allein stehen wir gegen die ganze Welt. Er ist der Sieg, der die Welt überwunden hat. Das Los derer, die nicht glauben, ist die Furcht. Das können wir täglich sehen an uns selbst und an den andern. „Ihr Kleingläubigen, warum seid ihr so furchtsam?“ Alles, was uns Gott getan hat durch Jesus Christus, unsern Herrn, alle göttlichen Führungen unsres Lebens haben dies eine Ziel: Er möchte in uns den Glauben wecken: es ist Einer da, der es ganz treu mit mir meint, der mich nie verstößt, der mir immer nahe ist, dem ich am Herzen liege mit all meiner Not, der mich durch Not und Tod hindurchretten wird an Sein Vaterherz. Der Herr ist mein Licht und mein Heil, vor wem sollte ich mich fürchten? Fürchte dich nicht —, wie oft lesen wir das in der Schrift! Wohl ebensooft wie die Mahnung zum Glauben.

Beides ist in unserm Wort innerlich miteinander verknüpft. Fürchte dich nicht, glaube nur —, das ist ein Adventswort: der Glaube schaut auf den kommenden Herrn, und darum überwindet er die Furcht. Und es ist ein Missionswort. Furcht könnte uns anwandeln angesichts des Neubeginns in Ostafrika. Die Verhältnisse haben sich gegen früher daheim und draußen zu unsern Ungunsten verändert. Die Heimat ist verarmt, und die Missionsleitung fragt sich, ob ihr die Mittel dargereicht werden zur Ausrüstung der im Januar neu Hinausziehenden und zur Instandsetzung der zerfallenen Stationen. Und draußen haben wir statt der deutschen Regierung die englische, statt der deutschen Mitarbeiter die Amerikaner. Die neu Hinausziehenden werden einsam stehen und keinen leichten Stand haben. Da gilt es erst recht: „Fürchte dich nicht, glaube nur!“ Er hat die Türe aufgetan. Diese Gewißheit, die vor unsern Augen steht, verscheucht alle Zweifel und gibt Kraft zur Tat.

Advent 1924. Missionar Naum.

Auf der Heiden Straße.

„Wie kommt es doch, daß wir Tamulen vom Christentum nichts wissen wollen?“ So fragte mich einst gelegentlich einer Predigtreise im Pudukoteilande ein heidnischer Tamule. Ich hatte mit meinem Katecheten Njunarettniam in einem am Wege gelegenen Stationshäuschen der Polizei übernachtet. Während ich am frühen Morgen noch mit dem Ankleiden beschäftigt war, hörte ich, wie der Katechet sich in der Veranda laut und eifrig mit einem Fremden unterhielt, den offenbar unser vor dem Hause stehender Reisewagen auf uns aufmerksam gemacht hatte. Ich beeilte mich, fertig zu werden, um zu sehen, was die beiden miteinander zu verhandeln hätten. Beim Heraustreten begrüßte mich ein wohlgekleideter Tamule höflich und antwortete mir auf meine Frage mit obigen Worten. Er sagte, es habe ihn immer gewundert, daß das Christentum so wenig Anziehungskraft für die Tamulen habe. Er sehe wohl, daß wir uns viele Mühe gäben, die christliche Religion in seinem

1

Ährenleserin herausgegeben von der Evangelisch-lutherischen Mission zu Leipzig

Der Meißner Domprediger Karl Wilhelm Emil Körner initiierte 1902 eine Spendensammlung für die Leipziger Mission. Jede Geberin, es waren zunächst eher Frauen im Blick, erwarb monatlich für 10 Pfennige eine „Ähre“. Dieser Betrag entsprach dem Kaufpreis von zwei Eiern. Das Mitteilungsheft Ährenlese, später in Ährenleserin umbenannt, und die Spendensammlung hatten eine große Breitenwirkung. In vielen Orten entstanden Missionsvereine.

1 Otto: Hundert Jahre Missionsarbeit, 17

Verzeichnis der Zweig-Missionsvereine (1919) mit Gründungsjahr

aus: Ernst Otto, Der Sächsische Hauptmissionsverein, Dresden 1919

Am Kottmar	1894
Annaberg	1853
Aue	1885
Auerbach	1875
Augustusburg	1910
Bautzen Deutscher Zweig	1866
Bautzen Wendischer Zweig	1853
Berggießhübel	1888
Bernstadt	1884
Bischofswerda-Neukirch	1887
Blasewitz	1889
Bockau	1905
Borna	1860
Chemnitz	1869
Colditz	1882
Crimmitscha	1896
Dahlen	1896
Dippoldiswalde	1884
Dresden - Stadt	1896
Dresden Fr.-M.-P.	1895
Dürrröhrsdorf	1908
Eibenstock	1882
Einsiedel	1911
Eppendorf	1890
Frankenberg	1849
Freiberg	1880
Glauchau	1846
Grimma	1843
Gröditz	1909
Großenhain	1884
Hartenstein	1872
Hirschfelde	1890
Hohenstein-Ernstthal	1820
Jahnathal	1895
Jahnsdorf	1911
Kirchberg	1896
Kötzschenbroda	1889
Leipzig	1849
Leipzig - Land	1903
Leisnig	1885
Lichtenstein-Callnberg	1845
Limbach	1910
Löbau	1887
Löbauer Umgebung	1897
Lommatzsch	1885
Lößnitz im Erzgebirge	1878

Marienberg	1902
Meerane	1848
Meißen	1865
Mittweida	1892
Mügeln	1857
Mülsengrund	1880
Neukirchen	1884
Nord. d. Eph. Zwickau	1887
Nossen	1884
Oberspreetal	1903
Obervogtland	1860
Öderan	1891
Oschatz	1908
Pegau-Groitzsch	1875
Penig	1858
Pirna	1902
Planitz	1880
Plauen	1852
Plauenscher Grund	1890
Pulsnitz (Bartol.-B)	1883
Radeberg	1870
Radeburg	1897
Riesa	1905
Rochlitz	1877
Roßwein	1852
Rötha	1853
Sayda	1894
Schandau	1888
Schmiedefeld	1908
Schneeberg	1896
Schönfeld	1868
Schwarzenberg	1879
Seußlitz	1908
Stollberg	1851
Stolpen	1888
Strehla	1891
Südlausitz	1903
Waldenburg	1878
Waldheim	1866
Werdau	1863
Wermsdorf	1893
Westlausitz	1893
Wiederau	1895
Wildenfels	1903
Wilsdruff	1892
Wurzen	1875
Zittau	1850
Zschopau	1902
Zwickau	1851
Zwönitztal	1912

Literaturverzeichnis

Zeitschriften und Broschüren aus dem Verlag der Leipziger Mission

Die Ährenlese, Leipzig, 1908.

Die Ährenleserin, Leipzig Nr. 1, 1921.

Die kleine Missionsglocke, Leipzig 1900.

Evangelisch-Lutherisches Missionsblatt, Leipzig, gebundene Ausgaben 1892-1906.

Jahresbericht der Ev.-Luth. Mission zu Leipzig 1892.

Kitabu kya isomisa vana kya Kirwa. Kirwa-Fibel, Evangelisch-Lutherische Mission zu Leipzig 1931.

Paul, D. (Carl), Leistungen der Mission für die Kolonien u. ihre Gegenforderungen an die Kolonialpolitik. Vortrag von P. Paul auf dem Kolonial-Kongreß, in: Evangelisch-Lutherisches Missionsblatt, Leipzig 1902, 519f.

Schriftenreihe „Lichtstrahlen im dunkeln Erdteile", Leipzig

Quellen aus dem Leipziger Missionsarchiv, Depositum in den Franckeschen Stiftungen zu Halle

Beilage zum Protokoll der I. (XXX.) Konferenz No. 5 Madschame, 5.(!)-7. Sept. 1925, ALMW II.32.47, 1. Teil.

Beilage zur Beschneidungssache. Gemeindehelfer Salomon Nkja unterm 12. August 1923 übersetzt von Pfarrer E. Müller, Königsfeld, ALMW /II.32.47., 1. Teil.

Beilage Nr. 3 zum Protokoll der I. (XXX.) Konferenz zu Madschame 3.-7. Sept. 1925, ALMW II.32.47., 1. Teil.

Jahresbericht Arusha 1926 von Missionar Blumer, ALMW II.32.13.

Protokolle der Ältesten- und Gemeindeversammlung der Gemeinde Machame der Sitzungen von 1913 und 1914, Moshi (Transkriptionen befinden sich im Institut für Afrikanistik der Universität Leipzig.)

Protokoll der I.(30). Konferenz in Madschame von Donnerstag 3. – Montag 7. Sept. 1925, ALMW II.32.47., 1. Teil.

Michel, (Max), Koreferat. Besteht das unseren Gemeinden auferlegte und gewaltsam durchgeführte Beschneidungsverbot vor dem Evangelium zu Recht? Dresden, den 20. März 1926, Missionsinspektor Pfr. Michel, ALMW II.32.47.

Müller, Emil, Brief an Missionsdirektor Carl von Schwartz geschrieben am 16. Juni 1896 in Madschame, ALMW II.32.71.

Müller, Emil, Tagebuch Missionsstation Madschame, Dezember 1896, ALMW II.32.125.

Müller, Emil, Schreiben von E. Müller „An das Hochwürdige Missionskollegium zu Leipzig" vom 31.10.1910, ALMW II.32.389.

Müller, Emil, Missionar Müller, Die Gestaltung der

Gottesdienste. Beilage Nr. 18 zum Protokoll der XVIII. Konferenz, II.pag.65; ALMW II.32.95.

Paul, D. (Carl), Das deutsche Kolonialreich im Kriege. Vortrag gehalten am 17. November 1914 in der Deutschen Kolonialgesellschaft- Ortsgruppe Leipzig- von Professor D. Paul, Missionsdirektor; ALMW II.6.9.

Raum, J. (Johannes), Brief von J. Raum an das Kollegium der Ev. Luth. Mission zu Leipzig v. 12.1.1926, Seite 5; ALMW II.32.40., 1. Teil.

Schachschneider, Martin, Besteht das unseren Gemeinden auferlegte und gewaltsam durchgeführte Beschneidungsverbot vor dem Evangelium zu Recht? Koreferat von Schachschneider, Dresden, 20. März 1926, ALMW /II.32.47., 1. Teil.

Schachschneider, Martin, Die Mädchenbeschneidung innerhalb unserer Gemeinden, mit besonderer Beziehung auf die Konfirmation. M. Schachschneider 12.8.1913, Seiten 4-5; ALMW II.32.47., 1. Teil.

Schwartz, Carl v., Kolonialmissionstage, Entwurffassung Schreiben Carl v. Schwartz vom 4.12.1912, ALMW II.32.277.

Schwartz, Carl v. Schreiben von Direktor Schwartz an die Kolonialabteilung des Auswärtigen Amts, 16.9.1901, ALMW II.6.2.

Seesemann, Elisabeth, Die Mädchenbeschneidung und ihre Gefahren, Schw. Elis. Seesemann, 29. Konf. i. Schigatini 1913, ALMW II.32.100.

Vorwärts Nr. 253 v. 28.10.05, ALMW II.6.2.

Winkler, Alfred, Jahresbericht der Station Masama, 1928, ALMW II.32.19.

Zusammenstellung der wichtigeren Bestimmungen für die Missionare der Ev.-Luth. Mission, soweit sie von allgemeiner Bedeutung sind, ALMW II.32.61.

Literatur

Adolphi, H./ Schanz, Johannes, Am Fuße der Bergriesen Ostafrikas, Leipzig 1912.

Altena, Thorsten, Ein Häuflein Christen mitten in der Heidenwelt des dunklen Erdteils. Zum Selbst-und Fremdverständnis protestantischer Missionare im kolonialen Afrika 1884-1918, Münster, New York, München, Berlin 2003.

Althaus, Gerhard, Mamba – Anfang in Afrika, Erlangen 1992.

Althaus, Gerhard; Althaus, Hans-Ludwig (Hg.), Mamba – Anfang in Afrika, Erlangen, Neuauflage 1993.

Dannholz, J.J. (Jakob), Im Banne des Geisterglaubens. Züge des animistischen Heidentums bei den Wasu in Deutsch-Ostafrika, Leipzig 1916.

Fleisch, Paul, Hundert Jahre lutherischer Mission, Leipzig 1936.

Gründer, Horst, Geschichte der deutschen Kolonien,

Paderborn, München, Zürich 1991.

Gutmann, Bruno, Die Stammeslehren der Dschagga, München 1932.

Gutmann, Bruno, Unter dem Trutzbaum. Eine Einkehr in Moshi am Kilimanjaro, Leipzig, 1938.

Hofstätter, Albrecht, Madschame, die erste Station der Leipziger Ev.-lutherischen Mission in Deutsch-Ostafrika.

Jentzsch, Frieda, In Ostafrika. Ein Tagewerk unter meinen schwarzen Kranken, Leipzig o.J.

Jones, Adam, (Hg.), Afrikabestände im Archiv des Evangelisch-Lutherischen Missionswerkes Leipzig e. V., University of Leipzig Papers on Africa, Mission, Archives, Series, No. 2 1998.

Kecke, Andreas, Der aufgegangene Samen der Leipziger Mission, Bautzen 2008.

Kiesel, Klaus-Peter (Hg.), Kindheit und Bekehrung in Nord-Tanzania. Aufsätze von Afrikanern aus dem ehemaligen Deutsch-Ostafrika vom Anfang des 20. Jahrhunderts, Leipzig 2005, Band I, University of Leipzig Papers on Africa, History and Culture No. 12.

Kiesel, Klaus-Peter (Hg.), Kindheit und Bekehrung in Nord-Tanzania. Aufsätze von Afrikanern aus dem ehemaligen Deutsch-Ostafrika vom Anfang des 20. Jahrhunderts, Leipzig 2007, Band II, University of Leipzig Papers on Africa, History and Culture No. 13.

Kiesel, Klaus-Peter (Hg.), Arno Krause. Tagebuch der Station Nkoaranga 1902-1905, Leipzig 2004, University of Leipzig Papers on Africa, History and Culture No. 11.

Mellinghoff, Gerhard, Lutherische Kirche Tanzania, Erlangen 2. Auflage 1990.

Müller, Emil, Madschame, Die älteste Leipziger Station am Kilimanjaro, Leipzig 1936.

Moritzen, Niels-Peter, Werkzeug Gottes in der Welt. Leipziger Mission 1836-1936-1986, Erlangen 1986.

Otto, Ernst, Hundert Jahre Missionsarbeit. Der sächsische Haupt-Missionsverein 1819 bis 1919, Dresden 1919.

Paul, C. (Carl) (Hg.) Die Leipziger Mission daheim und draußen, Leipzig 1914.

Paul, C. (Carl), Die Mission in unseren Kolonien, Leipzig 1898.

Pätzig, Max, Die Schule im afrikanischen Busch, Leipzig o. J.

Prüfer, Tillmann, Der heilige Bruno. Die unglaubliche Geschichte meines Urgroßvaters am Kilimandscharo, Hamburg 2015.

Tucker, Ruth A, Bis an die Enden der Erde: Missionsgeschichte in Biographien, Metzingen 1996.

Warneck, Gustav, Die Mission in der Schule. Ein Handbuch für den Lehrer, Gütersloh, 8. Auflage 1899.

Weishaupt, M. (Martin), Gottes Spuren im afrikanischen Bergland. Bilder aus der Leipziger Missionsarbeit in Deutsch-Ostafrika, Leipzig 1918.

Weishaupt, (Martin), Ostafrikanische Wandertage. Durch das Gebiet der Leipziger Mission in Deutsch-Ostafrika, Leipzig 1913.

Weishaupt, Martin, Unsere Mission in Deutsch-Ostafrika, in: Paul, D. (Carl), Die Leipziger Mission daheim und draußen, Leipzig 1914, 174-196.

Sonstige Quellen

Schreiben des Gouverneurs an das Reichskolonialamt vom 16.6.1907; Bundesarchiv, Berlin, R 1001/848, Bl. 134-135.

Müller, Elisabeth, Reise vom 12.11.1895 nach dem Kilimandscharo (Deutsch-Ostafrika) bis zur Ausweisung 1920 durch die Engländer, Bericht von Elisabeth Müller (unveröffentlicht, im Privatbesitz Andreas Kecke).

Fotografien

Das an der Universität von Südkalifornien mit Sitz in Los Angeles angesiedelte englischsprachige Internationale Missionsfotografie-Archiv *(International Mission Photography Archive IMPA)* bietet als Online-Datenbank eine einzigartige Quelle für ausgewählte historische Bildbestände protestantischer und katholischer Missionsgesellschaften aus Europa und Nordamerika.

Neben den Ostafrikafotos der Leipziger Mission finden sich aktuell noch vierzehn weitere – teilweise weitaus umfangreichere – Sammlungen. Gerade dieses Zusammenspiel verschiedener Bildbestände ermöglicht eine umfassende Recherche und eröffnet neue Wege für den Vergleich sowohl von bestimmten Motiven als auch Schwerpunkten der Missionsfotografie der verschiedenen Organisationen.

Professor Dr. Adam Jones vom Institut für Afrikanistik der Universität Leipzig setzte sich dafür ein, dass aus der Leipziger Sammlung ab 2004 die Bilder des Ostafrikabestandes in die Datenbank aufgenommen wurden. Derzeit sind 1.818 Bilder vom Ende des 19. Jahrhunderts bis 1938 online verfügbar. Ausgewählt wurden zunächst die Alben von den Missionaren Wilhelm Guth und Leonhard Blumer, die von einzigartiger Qualität sind. Guth wirkte vornehmend in der Pare-Region von 1913 bis 1917 sowie 1927 bis 1938. Blumers Einsatzort war überwiegend Arusha (1912/13 und 1924 bis 1926). Auch einige der colorierten Postkarten, die Anfang des 20. Jahrhunderts erschienen, wurden eingepflegt. Auch die Sammlung Emil Müller ist mit 321 Fotos zu finden.

digitallibrary.usc.edu/cdm/landingpage/collection/p15799coll123

Andreas Kecke

Nach seinem Theologiestudium in Berlin/Ost ging Andreas Kecke 1991 als Vikar nach Königswartha in der Oberlausitz. Am 30. Juni 1991 wurde er dort ordiniert. Er blieb 26 Jahre als Pfarrer in der Gemeinde tätig, bis er 2018 nach Radeburg wechselte.

Besondere Tätigkeitsfelder waren der Aufbau des Religionsunterrichtes an verschiedenen Gymnasien in Bautzen, die Leitung von Jugend- und Familienrüstzeiten, eine 20-jährige Gemeindepartnerschaft mit lutherischen Christinnen und Christen in Tansania und seit 2008 der Aufbau der Paulus-Schule, einer evangelischen Oberschule in Königswartha.